Stier

21. April – 20. Mai

P. MICHEL / A. WAGNER

Stier

21. April – 20. Mai

tosa

Texte von P. Michel und A. Wagner
Umschlag und Coverillustration von Joseph Koó

Carl Ueberreuter Ges.m.b.H., 1090 Wien, Alser Straße 24
Druck: Druckerei Theiss GmbH, A-9431 St. Stefan im Lavanttal

www.tosa-verlag.com

Inhalt

Vorwort

Wenn Sie jetzt dieses Buch in Händen halten, so sind Sie höchstwahrscheinlich ein Stier oder zumindest am Sternzeichen Stier interessiert. Vielleicht leben Sie eine temperamentvolle Beziehung mit einem Stier, oder möglicherweise ist Ihr Chef ein Stier. Zumindest möchten Sie etwas mehr über den Stier erfahren.

Es ist immer eine spannende Angelegenheit, etwas über sich selbst oder einen anderen Stier zu erfahren. Die nachfolgenden Seiten wollen Ihnen einen Gesamtüberblick über die vielfältigen Seiten des Stiers vermitteln. Wenn Sie selbst ein Stier sind, haben Sie sich wahrscheinlich ohnehin schon über das Inhaltsverzeichnis mit dem Buch vertraut gemacht. Trotzdem sollte das Buch bei der Lektüre noch einige Überraschungen für Sie bereithalten. Vielleicht wird es Sie auch das eine oder andere Mal zum Schmunzeln bringen. Das ist so beabsichtigt!

Das *Sternzeichen* eines Menschen zeigt uns dessen bestimmte Merkmale auf, es kann allerdings kein vollständiges Bild einer Persönlichkeit liefern. Dazu bedarf es eines umfassenden Horoskops.

Es wird Ihnen sicher schon aufgefallen sein, daß es auch innerhalb eines Sternzeichens unterschiedliche Menschen gibt. Das zeigt uns, daß man nicht alle Widder, Stiere oder Jungfrauen über einen Kamm scheren kann. Trotzdem lassen sich viele verblüffende Ähnlichkeiten feststellen, die viel zu eindeutig sind, um als Zufall erklärt zu werden. Bestimmte Muster kehren innerhalb eines Sternzeichens immer wieder. Deshalb lohnt es sich, etwas mehr über die verschiedenen Aspekte eines Sternzeichens zu verstehen. Wenden wir uns also der geheimnisvollen Welt des Stiers zu.

Einleitung

Gehören auch Sie zu jenen Menschen, die zwar ihren Freunden und Kollegen gegenüber stets betonen, nichts von dieser „Sterndeuterei“ zu halten, aber heimlich doch fast jedes Illustriertenhoroskop lesen? Natürlich nur zum Spaß!

Wir vermuten einmal, Sie haben ein gewisses Interesse an der Astrologie, kennen sich aber noch nicht sehr gut aus. Daher sind die nachstehenden Gedanken über die Wissenschaft der Astrologie für Sie vielleicht hilfreich, um Ihnen zumindest Grundkenntnisse der alten Sternenweisheit zu vermitteln. Außerdem versprechen wir Ihnen mehr Freude am Lesen als bei den etwas eintönigen Zeitschriften-Horoskopen!

Wenn Sie zu den Befürwortern der Astrologie gehören – und ihre Zahl nimmt bekanntlich ständig zu –, werden Sie mit diesem Buch endlich genügend Argumente in die Hand bekommen, um Ihren Freunden und Kollegen zu beweisen, warum sich die Widder-Frau aus der Buchhaltung mit dem Jungfrau-Abteilungsleiter so in die Haare kriegen konnte.

Das Grundwissen

Normalerweise weiß jeder Mensch, zu welchem Sternzeichen er gehört. Das Tierkreiszeichen richtet sich nach dem Stand der Sonne zum Zeitpunkt Ihrer Geburt. Wenn Sie also beispielsweise am 10. März geboren sind, gehören Sie, astrologisch gesprochen, zu den Fischen. Denn an diesem Tag stand die Sonne im Zeichen der Fische. Wurden Sie dagegen am 10. April geboren, sind Sie astrologisch ein Widder. Sie finden normalerweise ganz schnell heraus, zu welchem Zeichen Sie gehören, es sei denn, Sie fallen genau in den Wechsel zwischen zwei Zeichen, dann kann es von Bedeutung sein, Ihre Geburtsstunde genau zu ermitteln und einen Astrologen zu befragen, zu welchem Zeichen Sie gehören.

Der Sonnenstand, also Ihr Sternzeichen, gibt Ihnen Auskunft darüber, wie Sie „in Ihrem Inneren" wirklich sind. Die Astrologie, wenn sie ernsthaft betrieben wird, vermag natürlich weitaus mehr über die Persönlichkeit eines Menschen auszusagen, aber wir wollen es in diesem Buch einmal beim Sonnenstand, dem Sternzeichen, und dem Stand des Mondes bewenden lassen. Als Hinweis für die etwas Fortgeschritteneren unter den Lesern sei nur erwähnt, daß der „Aszendent" zum Ausdruck bringt, wie Sie der Umwelt gegenüber erscheinen, während die Stellung des Mondes, auf die wir im Kapitel 8 näher eingehen, im Horoskop wesentlich für Ihr Seelenleben und Ihre Gefühlswelt ist.

Es ist keine große Mühe, den Aszendenten und die Stellung

des Mondes im Horoskop zu ermitteln. Selbst ein Astrologieautomat am Bahnhof oder Flughafen druckt Ihnen schnell diese Daten aus, wenn Sie ihn mit Ihrem Geburtsdatum und Ihrem Geburtsort füttern. Mit unserer Sternzeichen-Serie haben Sie dann das Werkzeug in der Hand, um mehr über sich selbst zu erfahren.

Die Geschichte der Astrologie

Das Wort „Astrologie" setzt sich aus den beiden griechischen Wörtern „Astron" (Stern) und „Logos" (Wort, Weisheit) zusammen. Wenn man es wörtlich übersetzen möchte, könnte man von der „Sprache der Sterne" oder besser von der „Sternenweisheit" sprechen.
Das wichtigste Grundwerkzeug für die Astrologie ist das

Horoskop, ein weiteres Wort aus dem Griechischen, das am treffendsten mit „Stundenzeiger“ übersetzt wird. Im Horoskop wird nach astronomischen Grundsätzen die Stellung der Ge- stirne im Augenblick der Geburt aufgezeichnet. Da es einige schnell laufende Planeten gibt, können manchmal wenige Minuten ein deutlich verändertes Horoskop ergeben. Es ist daher für eine eindeutige astrologische Deutung wichtig, möglichst genau die Geburtszeit zu ermitteln. Sollten also demnächst einige dieser Sternenkinder bei Ihnen vorbeischauen, versuchen Sie auch in der Aufregung der Geburt mit einem Auge auf die Uhr zu schauen. Sie werden später dafür dankbar sein – und Ihre Kinder auch!

Die Ursprünge

Die Anfänge der Astrologie verlieren sich im Dunkel der Geschichte. Zu allen Zeiten hat das sternenübersäte Himmelszelt die Menschen mit Ehrfurcht erfüllt. Viele Religionen haben sogar Gott oder die Götter am Sternenhimmel angesiedelt, denn die Menschen suchten stets nach einem „sichtbaren“ Ausdruck dieser verborgenen Kräfte, von deren Wirken sie nichts wußten.
Die Babylonier, etwa im 4. Jahrtausend v. Chr., scheinen die ersten gewesen zu sein, die sich die Frage stellten, ob die Bewegung der Gestirne möglicherweise eine verborgene Botschaft der Götter darstellte. Also begannen sie, die Bewegung der Lichter am Sternenhimmel aufzuzeichnen – und sie stellten eine gewisse Regelmäßigkeit fest. Was lag also näher, als die Gesetzmäßigkeiten festzuhalten. So entstand der erste Kalender!
Auch die Ägypter, von deren tiefem Wissen heute nur noch

die Pyramiden und einige alte Tempelruinen Zeugnis ablegen, waren historisch die nächsten, etwa 2500 v. Chr., die sich in die Deutung der Gestirne vertieften. Sie kleideten ihr Wissen in Mythen und Sagen, aber die eingeweihten Priester vermochten diese zu deuten und ihren tiefen Sinn zu entschlüsseln. Zu jener Zeit war das astrologische Wissen nur wenigen Eingeweihten vorbehalten.
Wenn C. G. Jung, der große Psychologe, später diese Sternenweisheit als den „symbolischen Ausdruck für das innere, unbewußte Drama der Seele“ bezeichnete, so fand er nur neue Worte für ein altes Wissen.
Nach den Ägyptern kamen die Griechen. Auch sie versuchten die Beobachtung des Sternenhimmels zum Erkennen des Schicksals heranzuziehen. Die große griechische Kultur gab der Astrologie, wie auch der gesamten abendländischen Kultur, ihre im wesentlichen heute noch gültige Form. Sie befinden sich also, wenn Sie die Astrologie ernst nehmen, in bester Gesellschaft!

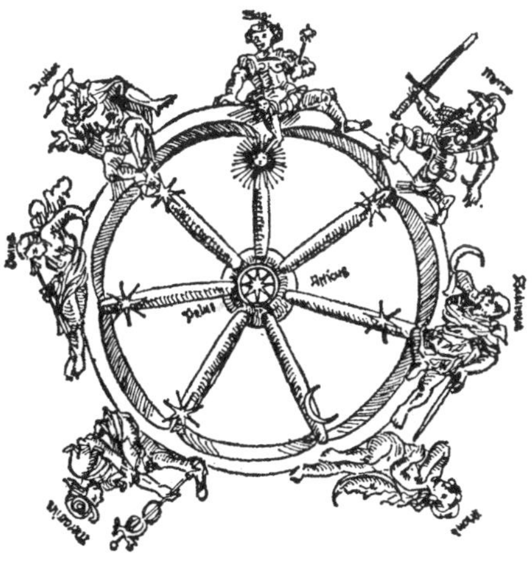

Die Geburtsastrologie

Die Griechen waren es, die erkannten, daß auch die unregelmäßigen Vorgänge am Sternenhimmel, die scheinbar „unberechenbaren“ Bewegungen der Gestirne, die den Babyloniern als „Omen“ gegolten hatten, bestimmten Gesetzmäßigkeiten gehorchten und daher vorausberechenbar waren. Von diesem Augenblick an verlor die Anschauung, daß die Götter den Menschen so ein Zeichen geben wollten, ihre Anhänger. Die alten Sterndeuter begannen, eine individuelle Geburtsastrologie zu entwickeln.
Wichtig für das Verständnis der modernen Astrologie wurde in diesem Zusammenhang ein Satz von Thomas von Aquin: „Die Sterne machen geneigt, aber sie zwingen nicht!“ Diese Erkenntnis setzte sich in weiten Kreisen allmählich durch und findet auch heute immer mehr Anhänger. Damit wird für den einzelnen Menschen deutlich, welche Bedeutung das astrologische Wissen für ihn besitzt. Es hilft ihm, Anlagen, Neigungen, Begabungen oder Talente zu erkennen und zu fördern. Gleichzeitig kann ihn die Astrologie auf Schwächen, Gefährdungen oder problematische Neigungen hinweisen. Immer aber bleibt es in der Verantwortung des einzelnen Menschen, sein Leben selbst in die Hand zu nehmen!

Die Tierkreiszeichen im Laufe eines Jahres

Der *Widder,* das erste Zeichen im Tierkreis, steht für den drangvollen, stürmischen Beginn des Frühlings. Da mit der Frühlings-Tagundnachtgleiche etwas Neues beginnt, setzten die Astrologen der Antike den Widder an die erste Stelle im Tierkreis. Der Winter wird kraftvoll vertrieben. Alles kommt natürlich viel zu früh. Die Krokusse stecken schon ihre Köpfchen durch die Erde, wenn noch Schneeflocken durch die Luft wirbeln. Aber so ist es ja immer beim Widder. Er ist nicht zu bremsen, und schließlich überwindet er ja auch Schnee und Eis und verhilft dem Frühling zum Durchbruch.

Dann kommt der *Stier* und bringt den Frühling in voller Pracht zum Ausdruck. Der „Wonnemonat" Mai beginnt. Es ist eine Zeit der Sinnlichkeit und der Hingabe. Menschen vertrauen einander, sind gutmütiger als normal; aber sie sind auch stärker materiell ausgerichtet. Alles wird etwas gelassener und langsamer.

Als letzten im Frühling treffen wir den *Zwilling*. Mit ihm geht der maienhafte Frühling, und die Baumblüte setzt ein. Die Verästelungen bilden sich, und alles wird komplizierter. Aber der Zwilling bringt auch Wachstum, Zergliederung und Oberflächlichkeit.

Der *Krebs* kommt mit der Sommersonnenwende. Der Sommer beginnt. Die Tage sind am längsten, die Nächte nur kurz. Die Wachstumskräfte treten nach außen, und die Samenbildung beginnt. Die Empfindsamkeit und die Empfindlichkeit nehmen zu, aber auch die Empfänglichkeit und das Schwankende. All dies werden Sie beim Sternzeichen Krebs wiederfinden!

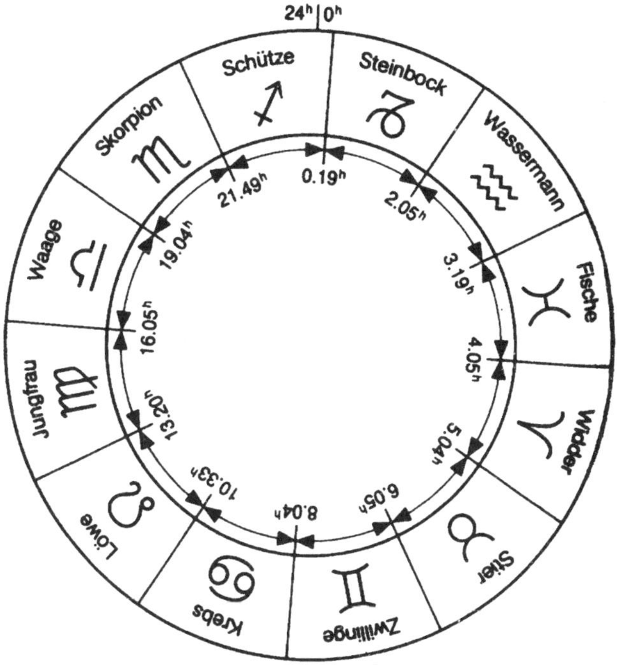

Den *Löwen* finden wir in der Mitte des Sommers. Die Früchte werden reif, und die Sonne durchglüht die Erde. Es ist die heißeste Zeit des Jahres, und die Natur erstrahlt in sommerlicher Fülle. Herzens- und Willensmenschen sind jetzt in ihrem Element. Alles trotzt vor Selbstbewußtsein, Großzügigkeit und überschäumender Lebenskraft.

Mit der *Jungfrau* geht der Sommer zur Neige. Der Himmel ist strahlend klar und blau. Die Erntezeit beginnt. Die Natur stellt sich auf den Beginn eines neuen Lebenszyklus ein. Jetzt geht es um das Ordnen, Sichten und Unterscheiden. Eine sachliche Einstellung ist wichtig, um die Ernte wohlbehalten einzubringen. Es ist von entscheidender Bedeutung, vorsichtig vorzugehen. Man darf nicht zu früh und nicht zu spät ernten. In diesem Geschehen kann eine gewisse Ängstlichkeit heranwachsen.

Mit der *Waage* beginnt der Herbst. Tage und Nächte sind gleich lang. Die Winterhälfte des Jahres hält ihren Einzug. Noch halten sich sommerliche Wärme und winterliche Kälte das Gleichgewicht, und noch immer ist der Himmel hell und freundlich. Die Waage bringt zudem eine wahre Blumenpracht mit sich. Die Sonnenuntergänge zeigen ein herrliches Lichtspiel, und das Streben nach Harmonie ist besonders ausgeprägt. Ein großer Schaffensdrang steht in Konflikt mit mangelnder Durchsetzungskraft. Dafür finden wir bei der Waage ein feines Anpassungsvermögen.

Der *Skorpion* ist der „Todesmonat". Er bringt steigende Morgen- und Abendnebel. Das letzte Laub fällt von den Bäumen. Der Skorpion hinterläßt kahle Bäume; aber dennoch zeigen sich an einigen Ästen bereits wieder zarte

Knospen. Es ist eine Zeit des Sterbens und Werdens. Der Skorpion ist zäh und ausdauernd. Er bringt alle Dinge schnell auf den Punkt. Bei ihm finden sich offene Aggressivität und leidenschaftliche Hingabe sowie ein grüblerischer Erkenntnistrieb.

Mit dem *Schützen* neigt sich der Herbst dem Ende zu. Der Winter sendet seine Vorboten über das Land. Der Todesschlaf der Natur kündigt sich bereits an. Die Dämmerungen bringen eine gewisse Schwermütigkeit; aber die Vorweihnachtszeit schenkt etwas Licht. Die Felder sind kahl und verlassen, die Beete abgeerntet und die Gärten leer. Die Stimmung des Schützen ist jedoch voller Idealismus, und deshalb haben es wohltätige Veranstaltungen in der Adventszeit leichter! Religion und Sinnsuche streben ihrem Höhepunkt zu.

Der *Steinbock* bringt das Weihnachtsfest und die Wintersonnenwende. Die längsten Nächte des Jahres sind zu überstehen. Das Licht kämpft mit der Finsternis, um neu ins Leben zu treten. In der Natur herrscht völlige Lebensstarre. Die Welt ist von Eis und Schnee bedeckt. Die Luft ist schneidend und von klirrender Kälte. Der Steinbock kämpft sich jedoch mit unermüdlicher Beharrlichkeit durch. Wir finden zudem Entsagung, Konzentrationsfähigkeit und Sachlichkeit bei ihm, die allerdings mit Teilnahmslosigkeit und Hochmut einhergehen können.

Im *Wassermann* steht der Winter in voller Blüte. Alles Leben ist unter Schnee und Eis verborgen. Am Tage kann die Wintersonne hell blenden, in der Nacht sind die Sterne klar zu erkennen. Es ist die kälteste Zeit des Jahres. Die weiße Schneedecke vermittelt ein Gefühl von Freiheit und Unbegrenztheit. Dem Wassermann sind gesellschaftliche Normen unwichtig; er lebt seinen totalen Freiheitstrieb.

Im Zeichen der *Fische* geht der Winter in den Frühling über. Die Fastenzeit beginnt, und die Schneeschmelze setzt ein. Alles Erstarrte löst sich, und alles Tote wird zu neuem Leben erweckt. Der Erdboden weicht auf, und der menschliche Körper wird verwandelt. Im Zeichen der Fische kommt es auch zu den meisten Todesfällen! Der Fisch neigt zudem zu einer Flucht aus der realen Welt. Unter den Fischen finden wir allerdings auch viele Gemütsmenschen mit echter Nächstenliebe.

Damit ist unsere kurze Wanderung durch die Tierkreiszeichen abgeschlossen, und wir können uns jetzt genauer mit dem zweiten Zeichen beschäftigen – dem Stier.

Kapitel 1

Grundsätzliches über den Stier

Der Stier im Tierkreis

Das Zeichen

Der Stier ist ein Erd-Zeichen. Er ist das zweite Zeichen im Tierkreis und erstreckt sich im Kalenderjahr vom 21. April bis zum 20. Mai.

Das Zeichen und der Planet

Dem Stier ist der Planet Venus zugeordnet, die römische Göttin der Liebe.

Das Zeichen und der Edelstein

Dem Stier werden der Moosachat und der Smaragd zugeordnet sowie das Metall Kupfer.

Das Zeichen und seine Farbe

Für den Stier sind helle Blautöne oder ein helles Pink charakteristisch; er wird aber auch zarte und kräftige Grüntöne bevorzugen. Stellen Sie sich einen Stier auf einer saftigen Maiwiese vor, und Sie haben die Farbe vor Augen!

Das Zeichen und seine Tiere

Wie nicht anders zu erwarten war, gehören die Rinder zum Tierkreiszeichen Stier. Es wird sich noch zeigen, auf welche Weise manche Eigenarten des Tieres Stier auch beim Sternzeichen Stier aufzufinden sind.

Der treue Stier

Der Realist

Die unter dem Sternzeichen Stier geborenen Menschen sind sehr realistisch veranlagt. Sie zeigen wenig Veranlagung zur Tagträumerei, sie haben *alle vier Hufe auf der Erde*. Da sie selbst nicht zum Träumen neigen, haben sie auch wenig Sympathie für die hochfliegenden Träume ihrer Mitmenschen.

Der Geduldige

Betrachten Sie die Verläßlichsten in Ihrem Freundes- oder Bekanntenkreis, aller Voraussicht nach werden ein paar Stiere darunter sein. Sie gelten als die Zuverlässigkeit in Person und können dabei auch durchaus noch charmant sein.
Dem Stier – schauen Sie auf die Weide – wird eine außerordentliche Geduld nachgesagt. Doch Vorsicht: Wenn er einmal ausrastet, dann kommt wirklich ein wütender Stier angerannt. Jetzt heißt es, auf in den Kampf oder rette sich wer kann!

Harmonie und Luxus

Der Stier ist unbestreitbar ein bequemer Zeitgenosse; und wenn es irgendwie möglich ist, fristet er sein Dasein in Harmonie und Luxus. Muß er darauf verzichten, wird ihm dies schwerfallen. Da er aber sehr zielstrebig ist, hat er gute Chancen, mit viel Energie sein erwünschtes Luxusle-

BÜCHER OUTLET

EMMENDINGEN
Markgrafenstr. 9
79312 Emmendingen
Tel.: 07641-9539459

REG 18.01.2013 12:09
000016

Hardcover	·2.95
NETTO 7%	·2.76
ENTH MWST 7%	·0.19
TOTAL	-2.95
BAR	·4.00
RÜCKGELD	·1.05

VIELEN DANK FÜR
IHREN EINKAUF !
Ust.-IdNr.: DE177647095

ben zu verwirklichen. Es wird kaum etwas geben, das ihn auf dem Weg dorthin aufzuhalten mag.

Alles bleibt, wie es ist

Der Stier haßt Veränderungen. Es dauert sehr lange, bis ein Stier sich einmal aus dem eingefahrenen Alltagstrott hinausbewegt. Dabei übersieht er nicht selten große Chancen und verpaßt gute Gelegenheiten, um mehr aus seinem Leben zu machen.

Der sinnenfrohe Stier

Dem Stier darf es nie an der Möglichkeit des Genusses fehlen. Um sich den Genuß auch leisten zu können, ist er durchaus bereit, einen gewaltigen Einsatz zu erbringen. Dabei kann er manchmal geradezu besessen sein von dem Verlangen, etwas besitzen zu wollen.

Kleider machen Leute

Der Stier wird stets auf sein gepflegtes Äußeres achten. Wenn er einen guten Eindruck hinterlassen möchte, putzt er sich sehr heraus.

Die Plaudertasche

Der Stier zählt nicht zu den Schweigsamen im Lande. Er hört sich gerne reden, zumal er seine Klugheit und seinen Charme für unfehlbar hält, und übersieht unwissentlich oder geflissentlich das Gähnen seines Gegenübers.

Der Mutige

Der Stier ist der Ritter ohne Furcht und Tadel. Er kann einen bewundernswerten Mut entfalten, und wenn er für Sie in den Kampf zieht, dann fürchtet er weder Tod noch Teufel.

Der Stier und seine Mitmenschen

Der Hilfsbereite

Der Stier gilt als ausgesprochen hilfsbereit und läßt seine Freunde in der Not nicht im Stich. Wenn Sie einen Kummer haben und einen Stier als Freund, so wissen Sie, wo der Retter sitzt!

Der Patriarch

So wie der Stier auf der Weide, so gibt der astrologische Stier in der Familie den Ton an. Er wird seine liebe Not mit Widerspruch haben, gleichgültig ob er von ihr oder von ihm kommt. Das Wort der Stier-Frau oder des Stier-Mannes ist Gesetz. Dabei hat er nur die besten Absichten, und seine Familie oder auch seine Freunde werden vorbildlich versorgt.

Der Dickschädel

Der Stier ist kein einfacher Charakter. Er ist sehr eigenwillig und verfolgt beharrlich seine eigenen Ziele. Die Konsequenz, mit der er seinen eigenen Pfaden folgt, läßt ihn nicht selten als starrköpfigen Dickschädel erscheinen.

Psychologie – nein danke!

Um seinen Mitmenschen mit mehr Verständnis begegnen zu können, müßte der Stier lernen, auch einmal auf die leisen Töne zu hören oder zwischen den Zeilen zu lesen. Aber für ihn zählt nur der gerade Weg, und so bleiben ihm die Abgründe der menschlichen Seele und die Vielfalt der psychologischen Beweggründe verschlossen.

Der distanzierte Scheue

Wenn Ihnen die Freundschaft mit einem Stier wichtig ist, müssen Sie lernen, selbst aktiv zu werden. Zum einen sind die Stiere gefühlsscheu, da sie als Realisten so ihre Probleme mit der Gefühlswelt haben; und zum anderen gibt es für im Sternzeichen Stier Geborene nun wirklich wichtigere Dinge, als hingebungsvoll den Problemen eines guten Freundes zu lauschen.

Wie lebt man mit einem Stier

Der Starrköpfige

Der Stier läßt sich selten von seiner Meinung abbringen. Er weicht und wankt nicht, er ist kein Blatt im Wind, aber er zählt auch zu den Starrköpfen des Tierkreises. Der Stier lernt selten durch Einsicht oder Überzeugungskraft, sondern meistens dadurch, daß er Erfahrungen sammelt, die ihn zum Umdenken veranlassen.

Bitte nicht schwindeln!

Man hüte sich davor, dem Stier einen Bären aufzubinden, dafür hat er nun wirklich kein Verständnis. Seine Tugenden sind Ehrlichkeit und Zuverlässigkeit; und diese erwartet er auch von seinem Gegenüber.
Ein Stier haßt jegliche Form von Schwindelei und unehrliche Schliche. Er wird Ihnen auf die Spur kommen, und dann könnten Sie sein rotes Tuch sein. Wenn Sie seine Gutmütigkeit ausnützen, wird er Sie auf die Hörner nehmen.

Keine Schnell-Merker

Manchmal stehen die Stiere etwas auf der Leitung. Sie sind häufig im Begreifen von Zusammenhängen und Sachverhalten etwas langsamer als andere Menschen. Wenn sie ein bestimmtes Fachgebiet jedoch verstanden haben, dann kennen sie sich darin wirklich bestens aus.

Der Lastesel

Sie können Ihre Stier-Freunde unbesorgt den ganzen Tag für die Wohnungsrenovierung einplanen. Sie werden Ihnen unermüdlich zur Hand gehen – bis zum Feierabend. Verpassen Sie bitte diesen Augenblick nicht, denn der Stier wird keine Stunde länger arbeiten. Er will dem Feierabend frönen, und daran sollten Sie ihn klugerweise nicht hindern; denn sonst könnte aus Ihrem Lastesel ein störrischer Esel werden. Das wäre dann für alle Beteiligten keine wahre Freude mehr. Der Stier kennt seine Belastungsgrenze, respektieren Sie sie!

Auf Regen folgt Sonnenschein

Stiere sind gute Kameraden, aber wechselhaft in ihren Launen wie das April-Wetter. Allerdings folgt dort bekanntlich auch auf Regen Sonnenschein; also lassen Sie dem Stier einfach genügend Zeit, um sein Gleichgewicht wiederzufinden.

Ein Küßchen in Ehren, wird der Stier Ihnen wehren

Die Stiere gehören nicht zu den großen Flirtern im Tierkreis. Der Stier nimmt alles sehr ernst, vor allem die schwierige Gefühlswelt. Und ganz besonders natürlich die Liebe!

Der Stier und sein Lebensstil

Immer mit der Ruhe

Ein Stier braucht viel Zeit, um sich an neue Lebensumstände zu gewöhnen. Er ist alles andere als sprunghaft und spontan; und Veränderungen erschließen sich ihm nur langsam. Sein Motto könnte lauten: Immer mit der Ruhe! So dauert es eine Weile, bis er bemerkt, daß das Neue durchaus auch seine schönen Seiten aufweist.

Immer der Reihe nach

Die Stiere hetzen nicht. Alles im Leben hat seine Ordnung, zumindest für das Sternzeichen Stier. Alle Aufgaben und Pflichten werden gemäß einer bestimmten Planung und der Reihe nach in Angriff genommen. Ein Stier wird niemals zwei Dinge gleichzeitig zu bewältigen versuchen. Gut Ding braucht Weile! Nur keine falsche Hektik.

Der Naturliebhaber

Ein Stier liebt die Natur und hält sich gerne im Freien auf. Dabei kann er eine breite Palette an Dingen erledigen. Er wird vielleicht ausgiebig die Blumen betrachten und sich an ihrer Formenvielfalt oder ihrer Farbenpracht erfreuen. Schönheit ist schließlich sein Thema. Vielleicht greift er aber auch zum Spaten und gräbt das Gemüsebeet für das nächste Frühjahr um. Schließlich besteht ja die Aussicht auf eine prächtige Ernte und ein anschließendes leckeres Festmahl mit den Produkten aus dem eigenen Anbau!

Der Konservative

Im Tierkreis zählen die Stiere zu den Bewahrern des Guten, des Althergebrachten, der ehrwürdigen Traditionen. Das Revolutionäre überlassen sie gerne anderen. Die vertrauten, bewährten Werte sind ihnen wichtig, und sie lösen sich nur schwer von ihren festen, genau definierten Vorstellungen über die Welt und wie sie sein sollte. Man müßte sie nur fragen, um schon die richtigen Antworten für alle großen Probleme der Menschheit zu bekommen. Aber man fragt sie ja leider nicht!

Der Genießer

Wie kaum ein anderes Tierkreiszeichen liebt es der Stier, zu schmausen und zu genießen. Das ist nun einmal sein gutes Recht, und niemand sollte ihm dies streitig machen. Ohne diese sinnlichen Genüsse wäre das Leben weniger als halb so schön. Die Ruhepausen, die der Stier benötigt, müssen ohnehin eingehalten werden, und dann könnte man sie doch gleich zu einem kleinen Genußfestival gestalten.

Ein Materialist der sympathischen Sorte

Wenn der Stier sich in seiner Haut, und damit in seinem Leben, wirklich wohl fühlen soll, dann bedarf es einer eindeutigen finanziellen Sicherheit. Ohne sie wird den Stier ein ständiges Unbehagen quälen. Die gute Finanzlage ist der Grund, auf dem er sein Leben aufbaut. Wenn es in diesem Bereich noch Unsicherheiten und Probleme gibt, wird er seinen unermüdlichen Arbeitseifer an den

Tag legen, um mit allen Mitteln eine Verbesserung seiner Lebensumstände zu erreichen. Erfreulicherweise ist er dabei kein Ellbogenmensch, sondern wird geradlinig und ehrlich seine Ziele verfolgen.

Was geht bloß in ihm vor?

Diese Frage mag sich mancher stellen, der es mit einem Stier zu tun hat. Diese ehrliche Haut erscheint manchen Mitmenschen sehr verschlossen, dabei vergessen sie nur, daß der Stier ein ganz Scheuer ist. Ein im Sternzeichen Stier Geborener benötigt viel mehr Zeit, um sich auszudrücken und sein Innenleben zu offenbaren, als andere Mitglieder des Tierkreises.

Vielleicht kommt er nach reiflicher Prüfung aber auch zu dem Entschluß, daß es wichtiger ist, an seinem neuen Eigenheim zu arbeiten, denn schließlich ist diese greifbare Behausung für sein „Seelenheim" wichtiger als alle Diskussionen über seine Gefühle und sein Innenleben. Zumal er das eigentlich gar nicht so genau kennt.

Kapitel 2

Der Stier im Beruf

Begabungen und Talente

Kein Platz für Luftschlösser

Ein Stier wird nie unüberlegt handeln. Es ist nahezu ausgeschlossen, daß er einen unüberlegten Schritt in eine ungewisse Zukunft macht. Diese Verhaltensweise schafft die Voraussetzungen, um vor bösen Überraschungen gefeit zu sein. Und die unter dem Sternzeichen Stier Geborenen hassen kaum etwas mehr als böse Überraschungen.

Stiere besitzen zudem die Gabe, eine Angelegenheit, die keinen Erfolg verspricht, schnell als solche zu erkennen und zu den Akten zu legen. Ein Stier wird seine kostbare Zeit nicht mit nutzlosen Experimenten verbringen.

Ein Stier scheut keine Mühen

Um an das Ziel seiner *geplanten* Träume zu gelangen, die immer mit Luxus und finanziellen Aufwendungen in Zusammenhang stehen, wird der Stier keine Mühen scheuen. Er kann, um diese Wünsche zu verwirklichen, über sich hinauswachsen und dabei sich selbst und seine Umgebung etwas vernachlässigen. Er ist dann reiner Wille zur Zielverwirklichung. Er kann in diesem Prozeß eine Zähigkeit entwickeln, die überaus imponierend ist.

Die lange Straße zum Erfolg

Stiere können in ihrem Berufsleben eine große Beharrlichkeit entwickeln. In den meisten Fällen stehen sie ihrem

Arbeitsalltag positiv gegenüber. Sie zeichnen sich dabei durch großen Arbeitseifer aus, der allerdings nicht ganz selbstlos sein muß. Schließlich hat der Stier bei allem Einsatz ein klares Ziel vor Augen, und dies ist sein eigener Wohlstand. Notfalls kann der Weg dorthin lang sein; aber ein Stier wird nie den Endpunkt der Reise aus den Augen verlieren.

Der Verläßliche

Stiere sind überaus wertvolle Mitarbeiter. Ihre Geduld und ihre Gründlichkeit machen sie zum verläßlichen Mitglied der Firma. Sie können mit anspruchsvollen und anstrengenden Tätigkeiten vertraut werden, die sie zielstrebig zum guten Ende bringen werden. Außerdem bietet ihre Aufrichtigkeit und Ehrlichkeit alle Voraussetzungen, um ihnen bei jeder Unternehmung die Kasse anzuvertrauen. Es wird darin niemals etwas fehlen!

Die Praktiker

Den Stieren liegen praktische Arbeiten. Sie müssen ein konkretes Ziel vor Augen haben, dessen Verwirklichung sie sich mit Zielstrebigkeit widmen können. Allerdings sollte man sie nicht hetzen. Sie benötigen ihre Zeit, um die gestellten Aufgaben gründlich und sorgfältig zu bewältigen.

Das große Verantwortungsgefühl

Stiere eignen sich hervorragend, um verantwortliche Aufgaben zu übernehmen. Dabei kann es sich um konkrete

Sachprojekte handeln oder um die Führung von Menschen. Beidem werden sie sich mit ihrem ausgeprägten Verantwortungsgefühl gewachsen zeigen.

Das Finanzgenie

Die Stiere sind durch ihre Bodenständigkeit und materielle Ausrichtung in der Finanzwelt zu Hause. Sie werden allerdings keine gewagten Spekulationen tätigen, sondern die finanziellen Mittel sorgsam und umsichtig vermehren, ohne dabei ein zu großes Risiko einzugehen. Wenn Sie also mit der Spekulation über steigende Preise für Sojabohnen schnell reich werden wollen, sollten Sie sich keinen Stier als Anlageberater suchen. Er ist nicht der richtige Partner für solche Projekte. Beim Stier bekommen Sie eher Lebensversicherungen oder langfristige Staatsanleihen.
Der Stier geht langsam vor, schließlich will er sich nicht die Hörner anstoßen! Möglicherweise verpaßt er durch diese Vorgehensweise allerdings das Geschäft seines Lebens. Wahrscheinlich ist ihm der Widder zuvorgekommen.

Ein Stier läßt sich nicht täuschen

Einem Stier wird so schnell niemand ein X für ein U vormachen. Er prüft alles sehr sorgfältig, und wenn ein Haar in der Suppe ist, wird er es mit Sicherheit finden und an den Tellerrand legen. Dann wird er langsam und bedächtig seines Weges ziehen und andere die Suppe auslöffeln lassen.

Die graue Eminenz

Der Stier drängt sich nicht in den Vordergrund. Er legt keinen großen Wert auf öffentliche Anerkennung, die kann man schließlich nicht essen! Er zieht gerne im Hintergrund die Fäden und beobachtet alle Geschehnisse aus einer sicheren Distanz. Wichtig ist für ihn, daß bei seinen Unternehmungen finanziell etwas herausspringt. Dabei spielt es keine Rolle, ob es sich um eine Beförderung im Betrieb oder die Eisdiele an der Ecke handelt. Er wird nur den eigenen Erfolg im Auge haben.

Vorsicht ist die Mutter der Porzellankiste

Der Stier liebt keine unüberschaubaren Risiken. Die Dinge müssen klar und überschaubar sein. Je deutlicher, desto besser. Ein Stier würde sich nur mit großem Widerwillen, wenn überhaupt, in ein Projekt stürzen, das an seinem Ende *möglicherweise* den Erfolg stehen hat. *Mögliche Erfolge* sind ihm schon immer verdächtig gewesen. Wenn er etwas anfaßt, dann weiß er, welcher Erfolg am Ende stehen wird. Das Wort „möglich" kommt dabei in seiner Planung nicht vor.

Der künstlerische Stier

Unter dem Sternzeichen Stier finden sich etliche künstlerisch sehr begabte Menschen. Sie haben ein ausgeprägtes Gefühl für Farben und Formen und können diese gut zum Ausdruck bringen. Der künstlerisch begabte Stier hat zudem den Vorteil, daß ihn seine Geschäftstüchtigkeit und seine Verankerung auf der Erde davor bewahren werden, mittels brotloser Kunst am Hungertuch zu nagen.

Abneigungen

Kein Termindruck

Dem Stier, der ein konsequenter Arbeiter ist, ist nichts so zuwider wie Zeitdruck. Er hat einen eigenen Rhythmus, und der ist für ihn ein unumstößliches Gesetz. Alles, was ihn hetzt, lehnt er konsequent ab, und die Ergebnisse wären unter diesen Umständen auch alles andere als zufriedenstellend. Der Stier braucht seine eigene Zeit für seine Arbeit. Läßt man sie ihm, werden die Früchte seiner Arbeit alle Seiten befriedigen.

Die neue Software

Wenn in der Firma ein neues Computersystem eingeführt werden soll oder vielleicht auch nur die alte Software durch eine neue ersetzt wird, so wird es nicht leicht sein, dem Stier dies schmackhaft zu machen. Es gibt schließlich überhaupt keinen Grund, das bewährte Alte gegen etwas Neues auszutauschen. Wer will denn schließlich wissen, ob die neue Technik überhaupt ausgereift ist. Möglicherweise sitzt auch einer dieser ekligen Viren im Programm. Der Stier bleibt nun einmal der Unbewegliche unter den Sternzeichen.

Das neue Produkt

Wenn es darum geht, ein vollständig neues Produkt auf den Markt zu bringen oder eine neue Marke zu entwickeln, sollte man dies vielleicht nicht unbedingt gerade von einem Stier in Angriff nehmen lassen. Dieser ist nämlich häufig der Meinung, das alte Produkt sei doch ganz ausgezeichnet. Wahrscheinlich sei es doch völlig ausreichend, die Verpackung ein wenig zu ändern und einen neuen Slogan zu verwenden.

Der Außendienst

Ein Stier kann als Vertreter durchaus sehr erfolgreich sein. Schließlich beginnt er den Tag ja mit der Vorstellung, wieviel Provision am Ende eines erfolgsträchtigen Verkaufstages auf seinem Konto steht. Diese Motivation wird ihn antreiben und zu möglichst vielen Kunden führen.
Für die Vorbereitung einer erfolgreichen Vertretertätigkeit sollte dem Stier allerdings eine klare Verkaufsstrategie an die Hand gegeben werden. Auch sollte man mit ihm alle möglichen Fragen der Käufer durchspielen. Wenn der Stier-Außendienstmitarbeiter nämlich mit unerwarteten Einwänden oder zögerlichem Kaufverhalten konfrontiert wird, fehlt ihm möglicherweise die Spontaneität, um die Sache noch zu retten oder das Geschäft zu einem erfolgreichen Abschluß zu bringen.

Der Beharrliche

Stiere sind ausdauernde Verhandler. Da sie schon vor der Verhandlung genau wissen, was sie wollen, eignen sich

Stiere ganz besonders, um klar abgesteckte Positionen durchzudrücken. Sie haben mit ihrer Klarheit und den genau umrissenen Positionen immer einen Vorteil gegenüber jenen Verhandlungspartnern, die schwankend in ihren Meinungen sind und sich erst im Verlauf einer Verhandlung zu einer klaren Vorstellung durchringen. Bis es dazu kommt, hat sich der Stier mit seiner Beharrlichkeit schon lange durchgesetzt.

Der Stier und seine Karriere

Für den Stier ist es wichtig, in seiner Firma eine Aufstiegschance zu sehen. Wenn diese nicht mehr gegeben ist, wird er sich ziemlich schnell nach einer anderen Tätigkeit umsehen, denn schließlich will er sein Kapital mehren und auf der Erfolgsleiter eine Sprosse nach oben klimmen.

Der materielle Anreiz

Stiere sind keine idealistischen Träumer. Sie arbeiten für ein handfestes, konkretes Ziel. Einen Stier können Sie daher mit einem Leistungsanreiz in Form einer festgelegten Prämie durchaus motivieren. Er ist ohnehin ein guter Arbeiter, aber dieser zusätzliche Anreiz bleibt nicht ohne Wirkung auf seinen Arbeitseinsatz. Schließlich kann er sich damit wieder einen seiner eigenen *Träume* verwirklichen, und dafür lohnt es sich schon, einen Mehreinsatz zu erbringen.

Der Kreative und der Planer

Eine Firma wird selten erfolgreich sein, wenn sie in ihren

Reihen nur sogenannte „Kreative“ hat. Schließlich muß ja einer die vielen Ideen sortieren und die verwendbaren in die Praxis umsetzen. Wer kann das wohl sein?
Richtig! Ein Stier ist der richtige Mann oder die richtige Frau für den Job. Sein gesunder Menschenverstand schenkt dem Stier die besten Voraussetzungen, um aus einer Fülle von Möglichkeiten die richtigen auszuwählen, die mit Sicherheit zum Erfolg führen.
Wie schon gesagt, der Stier wird jene auswählen, die *mit Sicherheit* zum Erfolg führen. Dabei kann es bedauerlicherweise passieren, daß ihm ein ganz großer Deal durch die Lappen geht, weil ihm die Sache einfach *zu heiß* war. Alles hat eben seine zwei Seiten!

Der Stier und sein Arbeitsplatz

Der Stier braucht eine vertraute Umgebung, um erfolgreich sein zu können. Nur wenn der äußere Rahmen stimmt, kann er seine Arbeitskraft voll entfalten. Setzt man einen Stier ständigen Veränderungen innerhalb eines Büros oder einer Firma aus, wird sich dies in der Regel nachteilig auf seine Arbeitsleistung auswirken. Die ständigen Umstellungen haben ihn verunsichert und aus dem Rhythmus gebracht. Das ist Gift für den bodenständigen Stier!

Der Streitschlichter

Da der Stier eine ehrliche Haut und ohne Falsch ist, eignet er sich hervorragend, um Streitigkeiten in der Firma zu schlichten. Er wird schnell den Sachverhalt erkennen und eine gerechte Entscheidung treffen.

Da es ihn langweilt, wenn er sich langes Geschwafel anhören muß, wird er auch kaum von einer Seite zu beeinflussen sein. Er bewahrt sich seine Objektivität, und wenn er bemerkt, daß sich jemand mit unlauteren Mitteln einen Vorteil zu verschaffen versuchte, hat jener ohnehin schon sehr schlechte Karten bei unserem anständigen Stier.

Vorgesetzte und Mitarbeiter

Achtung – wilder Stier

Stellen Sie die Geduld eines Stieres bitte niemals auf die Probe! Ob als Chef oder als Mitarbeiter, der Stier hält nur bis zu einem gewissen Grad still, dann stürmt er los, auch wenn er kurz zuvor noch lächelnd durch das Büro gewandelt ist. Wenn Sie schon einmal, vielleicht im Spanien-Urlaub, einen wütenden Stier gesehen haben, dann können Sie sich eine ungefähre Vorstellung davon machen, was auf Sie zukommt.

Strapazieren Sie daher die Geduld des Stieres nicht über Gebühr, oder Sie werden es mehr als bereuen. Denken Sie stets daran, daß der Stier an Ihren gesunden Menschenverstand appelliert und mit Fehlern, wer immer sie gemacht hat, gut umzugehen versteht.

Der Selfmade-Typ

Der Stier nimmt die Dinge selbst in die Hand. Er schafft den Computerkurs im Heimstudium, und die Laubsäge für

den Junior zu handhaben wird, nach kurzer Übungszeit, ebenfalls kein Problem für ihn darstellen.
Glücklicherweise verlangt der Stier nichts, was er nicht auch selbst bewältigen könnte. Das gibt Ihnen einen ungefähren Überblick, was auf Sie zukommen könnte. Wenn Sie auch Tendenzen zum Selfmade-Typen aufweisen und sich gut unter Kontrolle haben, ist Ihnen die Bewunderung des Stiers gewiß.

Wunder dürfen etwas länger dauern

Wenn Ihr Chef ein Stier ist, zählt er zu jenen Menschen, die in der Regel erst überlegen, bevor sie handeln. Diese Eigenschaft werden Sie zu schätzen lernen, denn Ihr Chef wird keine Wunder von seinen Mitarbeitern erwarten. Sie werden immer genügend Zeit erhalten, um sich einzuarbeiten oder sich auf eine neue Arbeitsmethode bzw. ein neues Computerprogramm einzustellen.
Aber irgendwann wird der Stier-Chef dann doch Ergebnisse sehen wollen; und wenn dieser Zeitpunkt gekommen ist, sollten Sie möglichst seinen Ansprüchen genügen. Verlieren Sie diesen Punkt nie aus den Augen, sonst könnte eines Tages ein leicht zorniges Horn vor Ihnen auftauchen, auf dem eine Kündigung aufgespießt ist. Ein wirklich unangenehmes Ereignis!

Die Fachkraft

Wenn Sie als Chef einen Stier führen müssen, sollten Sie immer im Auge behalten, daß er oder sie nicht der Typ für irgendeine Art von Intensivkurs ist. Geben Sie ihm ein Fachgebiet, in das er sich einarbeiten kann, aber lassen Sie

es ihn nach *seinem Rhythmus* machen. Er wird den zu erlernenden Stoff mit seiner Zeitplanung, aber auch mit seiner Gründlichkeit angehen. Haben Sie die nötige Geduld bewiesen, wird Ihnen ein Fachmann zur Seite stehen, wie Sie ihn oder sie besser nicht finden werden.
Geduld zahlt sich bei einem Stier-Mitarbeiter immer aus!

Verständigung ohne Dolmetscher

Der Stier spricht eine klare Sprache. Er wird Ihnen immer sagen, was er meint, und er meint auch wirklich, was er sagt. Dies gilt sowohl für alles Positive als auch für alles Negative.
Wenn Ihnen also von einem Stier-Chef gekündigt wird, packen Sie am besten gleich Ihre Sachen, es hat überhaupt keinen Sinn, noch einmal einen Anlauf zu unternehmen. Für den Stier ist die Sache ein für allemal entschieden!
Entwischt dem Stier einmal ein zartes Lob, heften Sie es sich an die Brust. Es ist ehrlich gemeint und drückt seine volle Zufriedenheit mit Ihrer Arbeit aus. Sie haben jetzt bei Ihrem Chef ein Stein im Brett. Nutzen Sie es aber nicht aus!

Festgehalt statt Provision

Bieten Sie Ihrem Stier ein festes Monatsgehalt bzw. einen festen Monatslohn an, er wird es Ihnen danken. Eine Lohn- oder Gehaltsvereinbarung auf Provisionsbasis wird Ihren Stier nicht zu erhöhter Leistung anspornen, sondern eher als Hemmschuh wirken. Wie soll er so kalkulieren, wieviel ihm am Monatsende noch zum ersehnten Eigen-

heim fehlt. Mit dieser Verunsicherung wird er eher schlechter als besser arbeiten.
Der Stier benötigt eindeutige Zahlen!

Der Stier und sein Chef

Der Stier wird immer ein guter Mitarbeiter sein. Da er keine Schwierigkeit hat, Autoritäten anzuerkennen, fügt er sich loyal in ein Team ein. Wichtig für ihn ist allerdings, daß er in Ruhe seiner Arbeit nachgehen kann. Mobbing ist Gift für den Stier!
Entscheidend ist auch, daß er das Gefühl bekommt, das Team – und sein Leiter – sind erfolgreich. Schließlich geht es ja auch, und vor allem, um *sein* Geld!

Die gute Partie

Stier-Frauen besitzen durchaus die Qualitäten zum Manager oder zur leitenden Angestellten. Trotzdem findet man in führenden Positionen relativ wenig Stier-Frauen. Woran liegt das?
Ganz einfach! Sie sind schlicht und ergreifend zu attraktiv durch ihr reizendes Wesen – und werden weggeheiratet! Der Luxus, der sich durch eine gute Partie am Horizont zeigt, übt eine zu starke Anziehung auf sie aus. Der Stier-Frau fehlt es einfach am ausgeprägten Ehrgeiz.

Immer im Einsatz

Wenn es in der Firma brennt, kann man einen Stier schon einmal im Urlaub anrufen. Sein ausgeprägtes Pflichtgefühl wird ihn dazu motivieren, im Notfall sofort einzu-

springen. Es gilt aber, wie schon in anderen Situationen, eine Grenze zu beachten. Wenn der Stier bemerkt, daß er ausgenutzt wird, kann er ausgesprochen ungemütlich werden.
Also wirklich nur anrufen, wenn wahrhaft Not am Manne ist!

Selbständigkeit

Auf Erfolgskurs

Ein Blick auf die aktuelle Konkursverfahrensliste wird zeigen – es ist kaum ein Stier darunter! Stiere gehen äußerst behutsam mit ihrem Geld und den Investitionen anderer um. Zudem verfügen sie über einen enormen Fleiß und ein ausgeprägtes Durchhaltevermögen. Beide Qualitäten zusammen bieten eine gute Voraussetzung, um erfolgreich zu sein.
Da der Stier vor dem Schritt in die Selbständigkeit alle Umstände sorgfältig geprüft hat, ist er sich seiner Sache meistens sehr sicher. Und er wird erfolgreich sein.
Geben Sie ihm nur genügend Zeit, und er wird mit seiner Zähigkeit aus seinem kleinen Unternehmen einen mittleren Konzern schmieden.
Was gibt es Schöneres für einen Stier, als erfolgreich zu sein!

Der Ausdauernde

Stier-Männer und Stier-Frauen sind beruflich außeror-

dentlich belastbar. Wenn sie überzeugt sind, sich auf dem richtigen Weg zu befinden, können sie jahrelang mit Geduld und Beharrlichkeit auf ein großes Ziel hinarbeiten. Allerdings darf es keine Utopie sein, auf die sie zustreben; irgendwann muß das Ziel erreichbar sein. Und natürlich muß sich diese Mühe, in absehbarer Zeit, in klingende Münze umsetzen.
Ein Stier arbeitet schließlich nicht nur aus Freude an der Sache!

Der Gartenzauberer

Im Gartenbau oder in der Floristikbranche fühlt der Stier sich am richtigen Platz. Er verfügt über den sprichwörtlichen „grünen Daumen“. Zudem kann er in diesem Beruf seine körperlichen Energien ausarbeiten und seinen künstlerischen Neigungen Ausdruck verleihen.
Der Stier vermag phantastische Gärten anzulegen oder zauberhafte Tischdekorationen herzustellen. Allerdings sollten Sie sich, wenn Sie einen Stier für derartige Dinge engagieren, zuerst einen Kostenvoranschlag machen lassen. Der Stier wird sich seine Dienste entsprechend entlohnen lassen. Schließlich weiß er am besten, wofür er das viele Geld bekommt.

Der Makler

Wenn Sie sich in das Abenteuer „Hauskauf“ stürzen wollen, suchen Sie sich einen Stier als Makler. Er oder sie ist der richtige Partner für Ihr Anliegen.
Ein Stier wird Sie mit Begeisterung durch Ihr mögliches neues Heim führen. Dabei werden Sie mit jedem Detail

des zukünftigen Anwesens vertraut gemacht. Der Stier wird Sie in aller Ausführlichkeit beraten, und keine Gartenpflanze oder Fußbodenleiste wird seiner Aufmerksamkeit entgehen. Da er eine ehrliche Haut ist, wird er Ihnen auch keine Schrotthütte für teures Geld als Renaissancevilla andrehen.
Vielleicht werden Sie am Ende der Präsentation eines Objekts von seinem Redeschwall erschöpft sein, aber Sie werden sicher nicht die Katze im Sack kaufen.

Der Geologe

Die Erde und die Gesteine sind das Element für den Stier. Hier fühlt er sich in *seiner* Welt.
Als Archäologe fühlt er sich in die Vergangenheit zurückversetzt und kann mit seiner Liebe zum Detail Stück für Stück eines alten Tempels oder einer griechischen Vase freilegen. Er wird nicht eher ruhen, als bis sich ihm alle verborgenen Geheimnisse einer alten Welt erschlossen haben.
Zeit spielt für ihn bei dieser Berufung keine Rolle. Er ist in seinem Element und fühlt sich blendend.
Ein wahrer Traumberuf für einen Stier!

Der Wissenschaftler

Alle wissenschaftlichen Forschungen, die endlose Geduld mit unzähligen Versuchsreihen benötigen, besetzt man am besten mit einem Stier. Seine angeborene Gründlichkeit, verbunden mit einer Geduldigkeit, die schon ans Phlegmatische grenzt, lassen ihn zäh an seinen Forschungen festhalten, wenn andere im Labor schon lange die Flinte

ins Korn oder das Glasröhrchen an die Wand geschmissen haben.
Ein Stier wird jede Möglichkeit ausschöpfen, bis er ein Resultat erzielt hat oder aber sicher ist, alle denkbaren Versuchsanordnungen ausgeführt zu haben. Und letztlich wird er erfolgreich sein.
Schließlich geht es ja auch um seine Forschungsmittel oder die Gelder von der Industrie; und die wird ein Stier niemals aus den Augen verlieren!

Die Walküren

Als die großen Komponisten ihre „starken Frauenrollen" schrieben, müssen sie an die „Stier-Walküren" gedacht haben. Sie verfügen nicht nur über ein gewaltiges Stimmvolumen, sondern auch über den entsprechenden körperlichen Resonanzraum.
Wenn also in der Oper Kriemhild ihren toten Gatten betrauert und herzzerreißende Arien schmettert – es ist nicht unwahrscheinlich, daß sich unter Helm und Rüstung eine Stier-Frau verbirgt.

Kapitel 3

Der Stier und die Liebe

Die Sinnliche und der Treue

Lieben und Leben

Für alle im Sternzeichen Stier Geborenen ist die Liebe ein nicht unwichtiger Bestandteil ihres Lebens. Sollten Sie allerdings in romantischer Liebe zu einem Stier-Mann oder einer Stier-Frau entflammt sein, so müssen Sie wissen, daß dem Stier bei jedem noch so zärtlichen Kuß immer im Bewußtsein verhaftet bleibt, daß man vom Küssen allein nicht leben kann.

Es ist schwer vorstellbar, daß der Stier sich so verliebt, um mit Ihnen über Nacht durchzubrennen und alle finanziellen Reserven in einer großen Liebesekstase auf den Kopf zu hauen.

Der Stier weiß einfach zu genau, daß man von Luft und Liebe allein nicht leben kann. Die Liebe gehört zum Leben, und der Stier möchte sie auch gerne genießen, aber nicht kopflos, sondern wohl geordnet und harmonisch!

Immer schön auf dem Boden bleiben

Werden Stiere, gleichgültig ob Männer oder Frauen, doch einmal von ihren Liebesgefühlen überwältigt, so werden sie dies nur ungern zugeben. Die Angst für das Erd-Zeichen Stier, den Boden unter den Füßen zu verlieren, sitzt tief.

Mag die sinnliche Stier-Frau noch einen Anflug von Abenteuerlust verspüren, so werden wir diese beim treuen Stier-Mann vergebens suchen.

Ein Überschwang an Gefühlen könnte den Stier so verwirren und belasten, daß er gar nicht mehr frei in seinen Entscheidungen ist. Für einen Stier ist das eine wahrhaft furchteinflößende Vorstellung. Er will einfach nur bedächtig und überlegt seines Weges gehen, auch in seinem Liebesleben.

Fingerspitzengefühl

Die sinnlichen Vertreter unter den Stieren, die weiblichen vielleicht ein wenig mehr als die männlichen, sind durchaus zu zärtlichen Gefühlen und kuscheligen Abendstunden fähig; allerdings wird sich dies alles unter Ausschluß der Öffentlichkeit im Verborgenen abspielen. Diese scheue Zurückgezogenheit kann auch dazu führen, daß ein geliebter Partner einmal mit einem unfreundlichen Wort angefahren wird.
Für den Partner des Stiers bedarf es daher eines nicht unerheblichen Fingerspitzengefühls, um den richtigen Ton zu treffen und vom falschen Ton nicht betroffen gemacht zu werden. Es gilt, beim Stier zwischen den Zeilen zu lesen. Er meint es immer gut, und ein etwas schroffes Verhalten zeigt noch lange nicht an, daß die Liebe vorüber ist.

Der starke Partner

Wer als Frau auf der Suche nach dem starken Mann ist oder als Mann auf der Suche nach der starken Frau, der sollte sich bei den Stieren umsehen. Hier wird er oder sie den oder die Richtige finden. Es wird in einer Beziehung mit einem klassischen Stier zwar eine gehörige Portion Selbstbeherrschung gefragt sein; dafür stehen Beständig-

keit und Treue auf der Haben-Seite. Wollen Sie eine Familie gründen, wäre der Stier der ideale Partner in puncto Sicherheit.
Sicherheit muß jedoch nicht alles sein, und so sollte man sich darauf gefaßt machen, daß der Lebensrhythmus des Stiers das Tempo vorgibt, nach dem sich alle zu bewegen haben. Hinzu kommt, daß sein großer Kopf meistens das Sagen hat. Es muß dabei auch nicht immer sehr demokratisch zugehen. Für den Stier genügt es, wenn er sich durchsetzt. Schließlich weiß er am besten, wohin die Reise geht.
Wem diese Art von Beziehung gefällt, der ist bei einem Stier bestens aufgehoben.

Nur kein Abenteuer

Selbst wenn es einmal vorkommen sollte, daß den Stier ein kleines (!) Abenteuer locken würde, er wird sich nicht hineinstürzen. Zu viele Risiken stehen einem so unüberlegten Tun im Wege, und wenn er erst einmal beginnt, abzuschätzen, ob sich das Risiko auch lohnt, ist die wildeste Leidenschaft schon längst abgeflaut. So wird der Stier feststellen, daß sie oder er den Einsatz doch nicht lohnen, und gemächlich weitertrotten. Er wird keiner verpaßten Gelegenheit lange nachtrauern. Schließlich kann er geduldig warten; und mit Sicherheit bietet sich ihm noch eine sehr gute Partie.

Die dauerhafte Partnerschaft

Ein Stier wird sein Augenmerk immer darauf richten, möglichst eine dauerhafte Partnerschaft einzugehen. Die

„One-Night-Stands“ sind nichts, was den Stier außerordentlich faszinieren würde.
Wie schon erwähnt, ist das Leben für den Stier kein Abenteuer, sondern ein gut geplantes gemeinsames Unternehmen. Schließlich ist es für den Stier am Morgen wichtig zu wissen, wer am Abend auf ihn wartet.

Bis zum bitteren Ende

Wenn der Stier sich einmal auf eine Liebe eingelassen hat, wird er sehr lange an ihr festhalten. Diese Ausdauer ist seiner Unbeweglichkeit zuzuschreiben. Er wird erst dann aus einer Beziehung ausbrechen, wenn er wirklich gar keine Chance mehr sieht. Dadurch wird manchmal etwas aufrechterhalten, was für alle Beteiligten schon lange nicht mehr aufbauend ist und kein gemeinsames Wachstum mehr ermöglicht.
Stehen Sie selbst in einer Beziehung mit einem Stier, der Sie eigentlich keine Chance mehr geben, warten Sie bitte nicht darauf, daß Ihr Stier sie beendet – Sie könnten das Ende möglicherweise nicht mehr erleben!

Langsam, aber gewaltig

Es dauert eine lange Zeit, bis der Stier in Bewegung gerät. Wenn er aber wirklich auf Touren kommt, dann hält ihn nichts mehr auf.
Wenn Sie also den Stier im Mann oder in der Frau geweckt haben, dann müssen Sie auch die Konsequenzen ertragen.
Jetzt gibt es kein Halten mehr!

Nostalgie und Kitsch

Der Stier besitzt eine gewisse romantische Ader, die allerdings leider ein wenig kitschig ausfällt. Aus der romantischen Kerzenbeleuchtung kann dann schon einmal eine Tropfsteinhöhle werden, die jegliche Romantik im Rauch erstickt.

Wenn dann die private Kuschelecke auch noch von einem Waldbild mit röhrendem Hirsch verunstaltet wird, bedarf es für den Partner schon einer gehörigen Dosis an Toleranz. Zudem verliert auch der geheimnisvollste Sonnenuntergang seinen zauberhaften Reiz, wenn er ununterbrochen mit Ausrufen wie „Ach, ist das schön!" oder „Hast du schon etwas so Wundervolles gesehen?" untermalt wird. Da wird sich mancher wünschen, die Sonne wäre schon endlich untergegangen!

Auf ewig mein

Mein bestes Stück

Wollte man die Empfindung, mit der der Stier eine Partnerschaft eingeht, unter ein Motto stellen, so könnte es lauten: „Auf ewig mein!"

Der Mensch, mit dem ein Stier sich verbindet, gehört ab sofort zu seinem Besitztum. Er wird ihn oder sie mit ganzer Kraft verteidigen, denn niemand hat gefälligst an seinem Eigentum zu rühren.

Für den Stier sind die Worte „mein Mann" oder „meine Frau" keine Floskeln, sondern beschreiben mit großem Ernst die Wirklichkeit seines Lebens.

Drum prüfe, wer sich ewig bindet

Dieses alte deutsche Sprichwort hat zwei Seiten, was oft übersehen wird. Zum einen meint es, man solle darauf achten, mit wem man sich verbindet. Sicher ein gutgemeinter Rat und die bekanntere Auslegung des Satzes. Er weist aber auch darauf hin, sich genau anzuschauen, an wen man angebunden wird.
Wer sich mit einem Stier einläßt, sollte wissen, daß die eigene Freiheit nicht mehr die gleiche ist, wie sie vorher war.
Daher sie es hier noch einmal für alle zukünftigen Stier-Partner deutlich ausgesprochen, ein jeder möge sich selbst und den anderen prüfen, bevor er oder sie eine Bindung eingeht!

Wehe, wenn er losgelassen

Stiere sind, das dürfte inzwischen deutlich geworden sein, eher gutmütige und auf Harmonie bedachte Menschen. Aber wehe, wenn sie gereizt werden. Einmal wütend geworden, neigt der Stier zu handfesten Auseinandersetzungen. Dabei kann es schon zu richtigen Handgreiflichkeiten kommen, und sein Partner sollte das Lieblingsporzellan oder die Briefmarkensammlung besser in Sicherheit bringen, bevor sie einen unwiederbringlichen Schaden erleiden.
Es könnte dem Stier später leid tun, aber das kittet das „zerschlagene Porzellan“ auch nicht wieder.

Großzügige Geschenke

Der Stier liebt es, beschenkt zu werden. Je luxuriöser, desto besser! Andererseits zeigt er sich auch von seiner großzügigen Seite, sofern es sein Bankkonto zuläßt (finanzielle Abenteuer sind ausgeschlossen!), und beschenkt gerne.

Machen Sie sich als sein Partner oder seine Partnerin allerdings keine großen Hoffnungen, auf den romantischen Liebesschwur müssen Sie bei der Geschenkübergabe verzichten.

Sie dürfen nicht vergessen: Für den Stier sind ja sowohl der Brillantring als auch die mit Diamanten besetzte Krawattennadel ein Geschenk für die Ewigkeit. Dazu auch noch „ewige Liebe" zu schwören, wäre nun wirklich übertrieben. Und zu diesen Übertreibungen neigen die Stiere nun einmal nicht.

Liebst du mich?

Eine äußerst ärgerliche Frage für einen (vor allem männlichen!) Stier. Wahrscheinlich erwarten Sie ein zärtliches „Aber ja, mein Schatz!", erhalten werden Sie aber nur ein brummiges „Weißt du doch". Es könnte auch anders ausfallen, etwa: „Das merkst du doch wohl" oder „Das habe ich dir doch schon bei der Hochzeit gesagt". Nehmen Sie es nicht gegen sich gerichtet. Er meint es nicht so. Vor allem der männliche Stier zeigt wenig Sympathie für derartige Aufforderungen zur Liebesbekundung.

Vertrauen Sie darauf, solange er da ist, liebt er Sie auch!

Keine falschen Liebesschwüre

Für den Stier ist uneingeschränktes Vertrauen eines der Grundprinzipien seines Lebens. Es wäre der entscheidende Fehler in der Beziehung mit einem Stier, dieses Vertrauen zu enttäuschen. Ihr Stier-Mann oder Ihre Stier-Frau werden es Ihnen kaum verzeihen.
Dies gilt im übrigen auch für die Gefühlswelt. Zeigen Sie Ihrem Stier keine Gefühle, die nicht echt sind. Keine falschen Liebesschwüre! Irgendwann fliegt die Lüge auf, und die Folgen werden unkontrollierbar und mit Sicherheit nicht erfreulich sein.

Kein Überschwang der Gefühle

Stiere mögen es nicht, wenn ihre Gefühlswelt einer eingehenden Analyse unterzogen wird. Gefühle sind zwar Teil des Lebens, aber sie sollten wirklich nicht überbewertet werden.
Was gibt es denn zu diesem Thema schon Großartiges zu besprechen. Diese Zeit könnte doch anderweitig wirklich nützlicher verbracht werden.
Wenn Sie beim ersten Anzeichen von Unwillen dennoch weiter in Ihren Stier dringen, könnte er sehr ungemütlich werden – und das wollen Sie doch sicher vermeiden!

Die Kontoauszüge

Sollten Sie einen Stier heiraten, oder, genauer ausgedrückt, sollte ein Stier Sie heiraten, sollten Sie nicht vergessen, die Gehaltsabrechnung frühzeitig zur Sprache zu bringen. Der Besitz des Stieres wird ja nicht nur um Sie,

sondern auch um Ihr Gehalt vermehrt. Ein wichtiger Punkt!
Spätestens beim zweiten Rendezvous wird der Stier aber schon von sich aus die Frage anschneiden, sie ist für seine persönliche Sicherheit von höchster Bedeutung. Jetzt weiß er, woran er mit Ihnen ist, und kann sich ein klares Bild von der zukünftigen Verbindung machen. Er weiß, was sie ihn kosten wird, und er weiß, was sie ihm einbringen wird. Jetzt kann eine klare Kosten-Nutzen-Analyse erfolgen. Über Liebe kann man dann ja immer noch später sprechen. Oder ist sie doch das erste Thema? Warten Sie es ab!

Harmonie und Sicherheit

Ein Stier ist glücklich, wenn seine/ihre Liebe bei ihm ist, der Tisch bis zum Durchbiegen gedeckt und sein Zuhause gemütlich eingerichtet ist. Jetzt hat er alles, was er zum Glücklichsein benötigt.
Nichts geht ihm über diese friedliche Harmonie und das Gefühl von Sicherheit, das diese Lebensform ausstrahlt.
Wenn Ihnen dies ein wenig zu brav oder ein bißchen langweilig erscheint, sollten Sie noch einmal in sich gehen und sich fragen, ob Sie sich wirklich langfristig mit einem Stier einlassen wollen. Es ist ziemlich unwahrscheinlich, daß sich das Zusammenleben sehr viel aufregender gestalten wird.
Der Stier wird sich und seinen kostbarsten Besitz (Sie!) nicht leichtfertig in Abenteuer stürzen. Und der Bereich „Abenteuer“ fängt für einen Stier möglicherweise schon kurz vor der eigenen Haustür an!

Der Genußsüchtige

Wenn der Stier seine Genußsucht nicht in den Griff bekommt und ihr unbeherrscht frönt, kann dies unangenehme Folgen (und Formen!) haben.
Für die besonders feinfühligen Zeichen des Tierkreises (Waagen, Fische oder Krebse) kann der Stier dann manchmal plump erscheinen oder sogar abstoßend wirken.
Stieren kann man daher nur ins Stammbuch schreiben, gelegentlich einen genauen Blick in den Spiegel zu werfen. Auch sollten sie sich erinnern, daß ein guter Freund manchmal als Spiegel dienen kann. Es gilt dann allerdings auch, einen liebevollen, freundschaftlichen Rat auch anzunehmen und umzusetzen.
Man kann beim Versuch, alles zu vermehren, auch die eigenen Grenzen überschreiten – und dann kann das Ganze in einen unerwarteten Verlust umschlagen. Es wird eine schmerzvolle Erfahrung für einen Stier sein, wenn ihm ein Teil seines Besitzes (nämlich Sie!) verlorengeht.

Der Kinderliebende

Wenn sich Ihre Beziehung mit einem Stier zu einer Familie ausgeweitet hat, werden Sie in ihm oder ihr einen sehr liebevollen Vater oder eine sehr fürsorgliche Mutter finden.
Das muß allerdings nicht heißen, daß er oder sie sich mit modernen Erziehungsmethoden anfreunden kann. Schließlich ist aus ihm oder ihr in der altbewährten Weise ja auch *etwas* geworden.
Ihr Stier wird aber alles unternehmen, um Ihren gemeinsamen Sprößlingen ein kindgerechtes, liebevolles Zuhause

zu bieten. Und das ist ja immerhin etwas, was nicht zu gering veranschlagt werden sollte.

Der Stier-Mann

Der unauffällige Genießer

Beim Stier-Mann kann man nicht vom stürmischen Casanova sprechen, er sucht seine Ziele eher unauffällig zu erreichen, bekommt aber durch seine Zielstrebigkeit zur rechten Zeit das (oder besser die), was er will. Er wirkt auf das weibliche Geschlecht durch seine betonte Sinnlichkeit und eine natürliche erotische Ausstrahlung. Er wirkt durch sein männliches Wesen und benötigt, um auf eine Frau Eindruck zu machen, keine aufgesetzten Anmachtricks.
Der Stier ist ein Mann – und er weiß das. Er ist sich seines anziehenden Wesens auf Frauen sicher, und seine Sicherheit wiederum macht ihn für Frauen anziehend.
Ein Stier wird sich unauffällig seinem ausgewählten „Objekt der Begierde“ nähern und erfolgreich sein, bevor sich die anderen Kandidaten richtig in Position begeben haben.

Beharrlichkeit führt zum Ziel

Wenn sich der Stier eine Frau ausgesucht hat, wird sie im wahrsten Sinne des Wortes „angestiert“. Der Stier hat sich entschieden und wird mit Hartnäckigkeit sein Ziel verfolgen. Kommt es dabei zu Rückschlägen, werden ihn diese zwar stören, aber nicht von der eingeschlagenen Richtung abbringen. Er wird den Rückschlag wegstecken und einen neuen Anlauf nehmen. Ein Stier gibt nicht so schnell auf. Ein Stier kennt sein Ziel und verliert es nicht aus den Augen.

Der große Beschützer

Für alle Damen, die sich einen Mann wünschen, der sie versorgt, beschützt, verwöhnt, beständig und treu ist und auch im Liebesleben nichts zu wünschen übrig läßt – der Stier ist die richtige Wahl. Allerdings stellt er die Bedingungen!
Der Stier wird keine Eskapaden oder kleine Seitensprünge dulden, dazu ist ihm die Liebe eine zu ernste Sache. Unbedingte Treue ist angesagt! Auch muß in einer Beziehung seine Partnerin seinen Rhythmus annehmen, umgedreht wird es nicht gehen. Das erfordert eine enorme Anpassungsfähigkeit seitens seiner Partnerin und ein erhebliches Maß an Zurückstellung der eigenen Wünsche und Vorstellungen.
Wenn Sie sich also für einen Stier-Mann entscheiden, sollten Sie möglichst vorher abklären, inwieweit sie mit ihm und seinen Neigungen und Eigenarten übereinstimmen. Später wird es sehr problematisch, wenn Sie Ihren alles dominierenden Stier noch verändern wollen!

Der Fels in der Brandung

Wer immer sich ausweinen möchte, sollte sich dafür die Schultern eines Stiers aussuchen. Sie sind auch breit genug! Ein Stier ist diskret und verschwiegen. Er wird Sie einfach in die Arme nehmen und bestimmt keine unange-

nehmen Fragen stellen. Weinen Sie also ungehemmt drauflos.
Geht es Ihnen aber eher um Tiefsinn und psychologische Beratung für Ihre große Lebenskrise, dann ist der Stier nicht die richtige Wahl. Er bietet Ihnen Schutz und Geborgenheit, aber keine seelische Betreuung. Dafür müssen Sie sich einen anderen suchen, der mehr Verständnis für Ihren Seelenschmerz hat.
Alles kann der Stier nun wirklich nicht leisten!

Stiere sind nachtragend

Wenn Sie glauben, nach dem großen Krach und der zärtlichen Versöhnung sei wieder alles in Ordnung und die dumme Geschichte von vor zwei Wochen vergessen, dann irren Sie sich gewaltig. Der Stier hat ein phänomenales Gedächtnis, und von Vergeben und Vergessen kann leider keine Rede sein. Ein typischer Stier-Mann merkt sich genau, was Sie ihm angetan haben. Er wird Ihnen noch Monate später alle Einzelheiten Ihres „Fehlverhaltens" vorhalten, wenn Sie schon geglaubt haben, über die ganze Angelegenheit sei Gras gewachsen. Das frißt der Stier schnell wieder ab!
Sie können sich nur immer wieder einprägen: Mit einem Stier-Mann sollte man keine Spielchen treiben. Er reagiert äußerst ungehalten darauf.

Der eitle Stier

Sie werden es bald herausfinden – irgendeine Macke hat jeder Stier! Der eine kauft sich alle zwei Monate ein neues Paar Schuhe, der andere macht die Besitzer seiner

Lieblingsboutique zu reichen Leuten, und der dritte sitzt ständig beim Friseur. Vielleicht hat er auch nur eine seltsame Zuneigung für Nachtcremes oder eine Vorliebe für bestimmte Geschmacksnoten von Zahnpasta. Es läßt sich angesichts der Vielzahl der denkbaren Möglichkeiten keine genaue Vorhersage machen. Alles ist möglich!

Dabei merkt der Stier gar nicht, wie seltsam er sich verhält. Für ihn geht es allein um Ästhetik. Und schließlich tut er es ja auch für Sie!

Kein Partner für einen spritzigen Abend

Der Stier, unser kleiner Macho, wird sich nicht sonderlich für verträumte Spielereien vor dem Kamin erwärmen können. Auch spritzige, witzige und kurzweilige Unterhaltungen sind wahrlich nicht das Metier für den Stier. Scharfsinniges Philosophieren über den Sinn und Unsinn der Welt sind erst recht nicht seine Sache. Dafür suchen Sie sich besser einen Schützen.

Der Stier wird einen langweiligen Abend nicht durch seinen Humor und seine spritzige Lebendigkeit retten, doch dafür verfügt er über andere Qualitäten.

Der versteckte Macho

Der Stier vermag es perfekt, den in ihm steckenden Macho hinter einer geschickten Tarnung zu verbergen. Trotzdem kann es keinen Zweifel geben, daß er alles andere im Haus haben will als die eigenwillige Emanze. Er liebt die Anschmiegsame, die ihn verwöhnt und Haus und Heim betreut und verschönert. Wenn sie es zudem noch bewerk-

stelligt, das Sparguthaben zu erhöhen, ist sie schlicht und ergreifend seine Traumfrau.
Er ist manchmal durchaus nicht abgeneigt zu allerlei Aktivitäten, aber noch mehr liebt er es, mit seiner Herzdame faul vor dem Fernseher zu liegen und den kleinen Genüssen des Lebens zu frönen. Nüßchen und Chips können dabei einen Anfang bilden . . .

Keine Szenen

Machen Sie Ihrem Stier bitte keine Vorschriften. Für einen versteckten kleinen Macho ist das eine Beleidigung seiner Manneswürde.
Noch schlimmer wäre es, ihm wegen irgendeiner Kleinigkeit eine Szene zu machen. Jede Art von hysterischer Anwandlung ist ihm zuwider und verunsichert seine innere Harmonie. Er wird notfalls noch Ihre Tränen trocknen, trotzdem haben Sie ihn arg verschreckt. Allzu oft sollten Sie ihn mit solchen Szenen nicht konfrontieren, wenn Sie langfristigen Ärger vermeiden wollen.
Schließlich geht dem Stier der Frieden und die Harmonie in seinem Heim über alles.

Die Stier-Frau

Der Inbegriff der Weiblichkeit

Den Stier-Frauen eilt der Ruf voraus, wahrhaft die Verkörperung des Weiblichen zu sein. Mythologisch würde dies einen Sinn ergeben, denn schließlich wird das

Zeichen Stier von der Venus regiert. Was will man(n) mehr?

Die klassische Stier-Frau weist nicht selten ausgeprägt weibliche Formen auf und stellt schon allein aufgrund ihres Äußeren eine schwer zu widerstehende Verführung dar.

Stier-Frauen bieten die weiche, weibliche Tiefe, in deren Wärme man einsinken kann. Sie sind der Ozean des Weiblichen, dessen Unergründlichkeit anzieht und ungeahnte Sinnlichkeit verspricht.

Besser den Spatz in der Hand als die Taube auf dem Dach

Die Stier-Frau verfügt über genügend praktischen Verstand, um zwischen dem Wünschenswerten und dem Machbaren zu unterscheiden. Mag sie auch noch so sehr für einen Film-Star schwärmen, was schon nicht zu häufig der Fall sein wird, so vermag sie erst recht zu unterscheiden zwischen Hollywood und dem täglichen Leben, das ihre Wirklichkeit ausmacht. Das Filmidol wird für sie immer unerreichbar bleiben, den Mann von nebenan kann sie sich jedoch angeln. Also ran an den Mann!

Die Stier-Frau ist schließlich keine Schwärmerin, sondern sie weiß genau, was möglich ist und was sie will.

Die dauerhafte Beziehung

Wie schon ihre männlichen Stier-Genossen, neigt die Stier-Frau keinesfalls dazu, irgendwelche Luftschlösser zu errichten. Dazu ist sie viel zu realistisch.

Sie sucht sich einen Partner, mit dem eine feste Beziehung

auf festem Boden errichtet werden kann. Dies ist die Grundlage, von der aus sie sich auf einen Mann einlassen kann.
Heute so – morgen so, dies ist keinesfalls eine Lebensmaxime für eine Stier-Frau. Sie würde einerseits verunsichert, andererseits könnte sie sich auf den Partner auch nicht so umfassend einstellen, wie es für sie notwendig ist.

Szenen einer Ehe

Wenn sich die Stier-Frau auf eine feste Beziehung mit einem Partner eingelassen hat, und es erscheint eine „andere", können Szenen wie aus einem Hollywoodfilm entstehen. Eine Stier-Dame kann ganz ungeheuer eifersüchtig werden!
Wenn der Fall der Eifersucht – der Verdacht allein kann schon genügen – eintritt, entwickelt die sonst im Tierkreis eigentlich zu den Gemäßigten zählende Stier-Frau Züge wie der Stier-Mann. Sie kann zur Furie werden, zur wilden *Stierin*.
In diesem Fall gilt für den Mann das gleiche wie für die Partnerin des „wilden Stiers". Kopf einziehen, fliegenden Blumenvasen ausweichen und Briefmarkensammlung in Sicherheit bringen.
Wehe, wenn sie losgelassen – die Stier-Frauen!

Der Mann an ihrer Seite

Für die Stier-Frau wird der aktuelle Partner niemals nur irgendein Flirt sein. Eine enge Partnerschaft weist bei einer Stier-Frau immer gleich eheähnliche Züge auf. Es ist

eine klar definierte Beziehung, die für sie außerordentlich wichtig ist, für die sie sich einsetzt und die sie, falls notwendig, auch mit Hörnern und Hufen gegen eine mögliche Nebenbuhlerin verteidigen wird.
Als Konkurrentin ist mit einer Stier-Frau nicht gut Gras fressen!

Vertrauen und Behutsamkeit

Der flatterhafte Schmetterling, der sich von Blume zu Blume schwingt, ist nichts für die Stier-Frau. Sie braucht einen Partner, der zu ihr steht und dem sie in keiner Weise mißtrauen muß. Das sollten die Herren beachten!
Sie ist, auf der Grundlage ihres Vertrauens, eine Partnerin mit großem erotischen Einfühlungsvermögen, das sie übrigens auch bei ihrem Partner sehr zu schätzen weiß.
Eine Stier-Frau möchte sehr behutsam und zärtlich behandelt werden, und sie reagiert äußerst nachtragend auf Verletzungen aller Art. Noch dazu erinnert sie sich furchtbar lange an diese Vorfälle.
Die Devise bei einer Stier-Frau kann also nur lauten: „Immer schön sachte!“

Vom richtigen Zeitpunkt

Die Stier-Frau ist kein unkontrollierbarer emotionaler Vulkan, der ausbricht, wenn es keiner erwartet. Sie braucht die Liebe schon, aber sie kann auch auf Sparflamme kochen, wenn es die Umstände verlangen. Keinesfalls wird sie sich in ein unüberlegtes Abenteuer stürzen. So stark kann das Verlangen gar nicht sein, um so kopflos zu reagieren.

Eines ist aber auch klar: Wenn sie will, dann will sie. Dann sollte ein kluger Liebhaber sie auch nicht unnötig warten lassen.

Der gut Betuchte

Eine Stier-Frau wird selten die Chance auslassen, eine gute Partie zu machen. Schließlich schafft sie sich mit ihr die Grundlage für ihr geistiges, seelisches und körperliches Wohlbefinden.
Die Stier-Frau lebt zweifelsfrei nach klaren Grundsätzen, und die „gute Partie“ gehört unbestritten dazu.
Man darf nie vergessen, daß bei der Stier-Frau der gesunde Menschenverstand sehr materiell ausgeprägt ist. Sie wird nie vergessen, daß das Eigenheim stehen bleibt, wenn auch die ekstatische Liebe schon längst eine schöne Erinnerung ist.
So ganz unklug ist diese Erkenntnis ja nicht!

Die Bindung fürs Leben

Entscheidet sich die Stier-Frau für die Ehe – und das wird sie aus ihrer eher konservativen Grundeinstellung heraus mit einiger Sicherheit tun –, dann ist sie felsenfest davon überzeugt, den Bund fürs Leben geschlossen zu haben. Es ist unvorstellbar für sie, daß er sie oder sie ihn verläßt. Schließlich gehört man doch jetzt zusammen und baut gemeinsam etwas auf.
In diesem Punkt gibt es keinen Unterschied zwischen den weiblichen und den männlichen Stieren.

Die Gefahr, sich gehenzulassen

Wenn sich die Stier-Frau, die wir als die sinnliche Verführerin kennengelernt haben, in festen Händen gebunden fühlt, kann es allzu leicht geschehen, daß sie sich gehenläßt. Sie vernachlässigt ganz allmählich ihr Äußeres. Wozu auch, schließlich hat sie „ihn" ja sicher.
So wird ihr Körper allmählich rundlicher, und ihre Attraktivität nimmt Schritt für Schritt ab, möglicherweise ohne daß sie selbst es bemerkt.
Es kann dann auch geschehen, daß Unpünktlichkeit und Trägheit schon bald keine Fremdwörter mehr für sie sind.
Stier-Frauen sollten daher immer ein Ziel vor Augen haben, selbst wenn es nur ein materielles ist, das sie ansporrnt und inspiriert. Sie werden schnell feststellen, daß es sie fit, gesund und schön hält.

Der Stier und seine Beziehungen

Der Stier und der Widder

Am Anfang war der Gegensatz

Der Stier kann vom Feuer des Widders zwar anfänglich mitgerissen werden, aber auf lange Sicht betrachtet, wird

es den Widder nerven, wenn seinen hochfliegenden Plänen immer wieder ein Dämpfer aufgesetzt wird.
Die Kühnheit, Abenteuerlust und das feurige Temperament des Widders finden im Stier einfach keinen Widerhall. Er ist für den dynamischen Widder einfach zu phlegmatisch und unbeweglich.
Wenn der Widder spontan Lust auf eine wilde Nacht verspürt, möchte der Stier vielleicht gerade ein Konzert der Philharmoniker besuchen. Im Prinzip ist dagegen auch vom Widder nichts einzuwenden; aber doch nicht gerade in diesem Augenblick!
Auch in Fragen der Treue stehen sich mit dem Stier und dem Widder zwei Extreme gegenüber. Die Anschauungen liegen einfach zu weit auseinander, um miteinander versöhnt zu werden. Der Stier wechselt besser die Weide!

Der Stier und der Stier

Gleich zu gleich gesellt sich gern

Wenn sich zwei so sinnliche Typen treffen, werden sie schnell Zuneigung füreinander spüren, schließlich gibt es eine Menge Parallelen.
Wenn sich zwei Stiere erst einmal ineinander verliebt haben, werden sie starr aneinander festhalten. Sie können mit ganzer Hingabe zärtlich-sinnliche Stunden miteinander verbringen, doch sie werden bei aller Sinnlichkeit niemals vergessen, *danach* wieder tatkräftig für das gemeinsame Eigenheim zu schuften.
Da beide den Genuß und den Luxus lieben, wäre es sicher

nicht ganz unangemessen, nach einer gewissen Zeit zu prüfen, ob ihr jeweiliger Leibesumfang nicht ganz allmählich mehr und mehr zunimmt. Stiere könnten Schwierigkeiten damit bekommen, daß sie es einfach zu sehr lieben, gemeinsam zu genießen, was es so alles zu genießen gibt. Vor allem die üppige Tafel!
Ihre große Lernaufgabe wird es sein, die nötigen diplomatischen Fähigkeiten zu erwerben, um mit dem gleichartigen Temperament der Stier-Frau oder des Stier-Mannes umzugehen. Sollten sie daran scheitern und zu dickköpfig und eigensinnig sein, so droht der „Krieg der schmollenden Hörner“, und dabei kann es dann ganz schön krachen!

Der Stier und der Zwilling

Zwei unterschiedliche Temperamente

Mit dem Zwilling trifft der Stier auf ein Wesen, das ganz anders ausgerichtet ist als er. Er kann durchaus kurzfristig an seiner Andersartigkeit, an der Vielzahl seiner Interessen und der ausgeprägten Sprunghaftigkeit Gefallen finden, aber selten für lange Zeit. Die Unterschiede zwischen diesen beiden so grundverschiedenen Sternenkindern sind einfach zu groß und lassen sich nur schwer überbrücken.
Der Stier wird die meiste Zeit damit beschäftigt sein, die vielen Kapriolen des Zwillings zu verstehen, der heute hier und morgen dort ist. Wenn er endlich glaubt, dem sich ständig wandelnden Zwilling auf die Spur gekommen zu sein, ist dieser schon längst über alle Berge.

Der Zwilling, der zu den Luft-Zeichen im Tierkreis gehört, fliegt unbeschwert einfach davon, während der Stier mit großer Anstrengung versucht, wieder Boden unter die Hufe zu bekommen. Können Sie sich einen ausgewachsenen Stier auf einem fliegenden Teppich vorstellen? Das sähe selbst in den Märchen aus „Tausendundeiner Nacht“ seltsam aus.
Unter allen möglichen Kombinationen im Tierkreis findet man kaum zwei unterschiedlichere Temperamente. Nun ziehen sich Gegensätze ja bekanntlich an; aber es steht nirgends geschrieben, daß sie es auch lange miteinander aushalten müssen. Das erscheint angesichts ihrer Verschiedenheit eher fraglich.

Der Stier und der Krebs

Die Gemütlichen

Die Kombination zwischen Stier und Krebs ist, grundsätzlich betrachtet, keine schlechte Wahl. Sie lieben beide ein gemütliches Zuhause und werden dort nicht nur viele gemeinsame Stunden, sondern auch etliche zärtliche Momente miteinander verbringen.
Der Stier ebenso wie der Krebs halten treu aneinander fest, da sie beide ein gehöriges Maß an Sicherheit benötigen. Sie müssen allerdings aufpassen, daß zuviel Sicherheit nicht Langeweile in ihrer Beziehung die Oberhand gewinnen läßt.
Der eher ausgeglichene Stier wird mit der Zeit allerdings seine liebe Not mit der Launenhaftigkeit des Krebses be-

kommen. Seine Stimmungen und ungewöhnlichen Einfälle findet der Stier völlig unnötig und unpassend. Dies wiederum kann der Krebs gar nicht nachvollziehen.
So kann es geschehen, daß der Krebs den Stier als unsensibel und viel zu wenig feinfühlig empfindet. Was für den Stier natürlich nicht gerade ein Kompliment darstellt; und leider durchaus auf einer konkreten Wirklichkeit aufbauen kann. Hier müssen die beiden schwer an sich selbst arbeiten, um eine Beziehung oder langfristige Partnerschaft erfolgreich zu gestalten.
Ein noch größeres Problem stellen für den empfindsamen Krebs die gelegentlichen stierischen Zornesausbrüche seines Partners dar. Damit kann er nun überhaupt nichts anfangen und zieht sich verschreckt zurück. Es wird den Stier einige Mühe kosten, den Krebs wieder aus seiner inneren Emigration zurückzuholen und ihm klarzumachen, daß alles nicht so böse gemeint war.
Zwischen den beiden ist viel Verständnis gefragt!

Der Stier und der Löwe

Der vorprogrammierte Machtkampf

Der eher behäbige Stier ist dem „König der Tiere“ kaum gewachsen. Wenn es zwischen den beiden zu dem vorhersehbaren Machtkampf um die Führungsposition in der Beziehung kommt, hat der Stier die weitaus schlechteren Karten. Die größere Dynamik und der unbändige Siegeswille werden den Löwen schnell auf die Siegerstraße bringen.

Schon allein der ungeheure Freiheitsdrang des Löwen stellt ein gewaltiges Hindernis dar, um die Beziehung erfolgreich zu gestalten. Wenn sich der Löwe diese Freiheit holen will, was unweigerlich geschehen wird, stellt sich schon die Frage der Vorherrschaft. Es wird dem Stier, egal ob Mann oder Frau, nicht gelingen, den Löwen, egal ob Mann oder Frau, wieder einzufangen und auf die heimischen Weidegründe zurückzuführen. Es wäre für einen klugen Stier ratsam, gar nicht erst Versuche in dieser Richtung zu unternehmen, denn, wie geschildert, er wird den kürzeren ziehen.
Es gibt allerdings zwischen Stier und Löwe noch eine andere Ebene, wo sie sich geradezu phantastisch ergänzen. Im Bett bilden der Stier und der Löwe eine nahezu ideale Ergänzung. Sie werden zusammen wahre sinnliche Freudenfeste veranstalten.
Sind Sie mit einem Löwen oder einer Löwin zusammen, so genießen Sie diese Augenblicke, denn sie werden unweigerlich zu einem Ende kommen; und dann geht es los mit den Problemen.
Ein Stier sollte sich nie im wahren Wesen des Löwen täuschen!

Der Stier und die Jungfrau

Das Traumpaar

Mit der Jungfrau hat der Stier das große Los gezogen. Die beiden stellen eine Traumkombination dar!
Die Jungfrau unterstützt den Stier auf seinem Weg nach

oben und bringt von ihrem Wesen her alle Eigenschaften mit, um ihn nicht zu überfordern. Sachlich und gründlich stehen einander diese beiden Sternzeichen zur Seite und ergänzen einander hervorragend.
Die Jungfrau wird immer genau den Ton treffen, den der Stier in einer bestimmten Situation zu hören wünscht. Egal ob es in einer lauschigen Sommernacht oder bei der Verhandlung um den besten Zinssatz bei der Bank ist. Die Jungfrau ergänzt sich mit dem Stier in idealer Weise.
Wenn der Stier einmal so richtig losgelassen hat und sich dem Sinnestaumel ergeben hat – so taumelt die Jungfrau mit. Sie kann vom Stier sogar noch begeistert werden, und die Sicherheit der Beziehung verleiht ihr die nötige Geborgenheit, um sich ihrerseits zu öffnen und beim Fest der Sinne voller Freude und Lebenslust mitzuschwelgen.
Zwischen dem Stier und der Jungfrau ergänzen sich Stärken und Schwächen in einer Art und Weise, die nur aufbauende und unterstützende Qualitäten beinhaltet. Sie werden die Schwächen des anderen nicht ausnutzen, um die eigene Machtposition zu verbessern, da das Thema Macht- oder Geschlechterkampf zwischen den beiden gar kein Thema ist.
Hier herrscht tatsächlich nahezu vollkommene Harmonie, und Konflikte werden relativ selten auftreten und meistens in gutem Einvernehmen zu lösen sein.

Der Stier und die Waage

Das Problem mit der Unentschlossenheit

Die Kombination zwischen Stier und Waage ist nicht ganz unproblematisch, gehört aber sicher nicht zu den schwierigsten.

Der Stier wird sich anfangs von der Ästhetik der Waage angesprochen fühlen, die sehr mit seinem Schönheitsempfinden und dem Wunsch nach Luxus harmoniert. Doch nach einiger Zeit wird er Schwierigkeiten mit dem schwankenden Wesen seines Partners bekommen. Die im Sternzeichen der Waage Geborenen gehören nicht zu den Entschlußkräftigsten im Tierkreis. Sie können praktisch allen Seiten und den verschiedensten Standpunkten etwas abgewinnen. Da ist der Stier ganz anders ausgerichtet. Er weiß genau, was er will und wohin er will. Um die Waage auf seine Richtung einzustimmen, bedarf es manchmal eines erheblichen Einsatzes an Überzeugungskraft; denn die andere Richtung erscheint der Waage nahezu ähnlich verlockend.

Da beide Sternzeichen ein großes Bedürfnis nach Harmonie charakterisiert, wird sich in dieser Hinsicht in ihrer Verbindung alles verdoppeln. Wenn sie erst einmal ihren gegenseitigen Rhythmus gefunden haben, können sie eine recht anschmiegsame und ausgeglichene Partnerschaft gestalten.

Schwierigkeiten wird es für den Stier allerdings mit der Neigung der Waage geben, im Handumdrehen das vorhandene Geld auszugeben. Das geht nun wirklich zu weit

und löst im Stier ein gewaltiges Unbehagen aus. Hier müssen ganz schnell die Rahmenbedingungen abgesteckt werden. Schließlich möchte der Stier bestimmen, wofür das Geld ausgegeben wird. An Vorstellungen diesbezüglich fehlt es ihm wirklich nicht.
Wenn der Stier und die Waage ihre Lebensplanung gut aufeinander abgestimmt haben, können sie es durchaus miteinander aushalten.

Der Stier und der Skorpion

Die beiden Gegen-Zeichen

Der Stier und der Skorpion stehen sich im Tierkreis genau gegenüber und bilden die sogenannten Gegen-Zeichen. Häufig ergibt dies eine Kombination, die von großer Anziehungskraft bestimmt wird. Es ist ja ein altbekanntes Geheimnis, daß sich Gegensätze anziehen. Es darf aber nicht vergessen werden, daß die Gegensätze auch dann noch bestehen, wenn die Anziehung nachgelassen hat!
In Sachen Sex sind der Stier und der Skorpion ein heißes Pärchen. Es gibt eine immense Attraktion zwischen den beiden, weil sie es schaffen, sich über alle Tabus hinwegzusetzen. Diese beiden werden miteinander alles das ausleben, was sie sich schon immer von ihrem Partner erträumt haben. Allerdings müssen sie immer den Respekt vor dem anderen im Auge behalten, damit, bei aller Ekstase, nicht einer von beiden, menschlich betrachtet, auf der Strecke bleibt.

Bevor der Stier sich wirklich intensiv mit einem Skorpion einläßt, sollte er sich aber noch einmal ganz deutlich vor Augen führen, daß mit der Harmonie im Bett das Harmoniepotential auch schon weitgehend erschöpft ist. Zum Glück denkt der Stier ja meist, bevor er handelt. Aber die Andersartigkeit des Skorpions könnte ihn zu unüberlegtem Handeln verführen.
Wenn am nächsten Morgen der Skorpion allerdings seinen Stachel ausfährt, kann die Zärtlichkeit und Sinnlichkeit der vergangenen Nacht ganz schnell verflogen sein. Sollte der Skorpion diesen Stachel dann auch noch in die Flanke des Stiers bohren, wird dieser ganz schnell seine Sachen packen und das Weite suchen.
Der Stier sollte sich beim Skorpion immer wieder bewußtmachen, daß der heißen Nacht der kalte Morgen folgen kann!

Der Stier und der Schütze

Idealist und Materialist

Hier treffen wieder zwei recht gegensätzliche Qualitäten aufeinander. Wenn sich beide verbinden, werden Stier und Schütze zwar für die gleiche Sache kämpfen, aber aus vollkommen unterschiedlichen Beweggründen. Der idealistische Schütze glaubt an die höheren Werte im Leben und ist ständig auf der Suche danach, während der Stier den materiellen Seiten des Lebens frönt.
Zwischen den beiden wird es in der Liebe nicht gerade funken, sie leben in zu unterschiedlichen Welten, um die

gemeinsame Liebeswelt vollständig füreinander auszufüllen. Wenn der Stier nicht zufällig einmal auf eines seiner seltenen Abenteuer aus ist, wird es zwischen den beiden kaum zu großen erotischen Berührungen kommen. Wenn *es* doch passiert, wird es nur eine vorübergehende Liebelei sein.

Kommt der Schütze dann noch auf die Idee – und dies ist mehr als wahrscheinlich –, den Stier mit seiner überzeugenden Art zu verändern, was dieser natürlich gar nicht liebt, dann ist es mit der Harmonie schnell vorbei. Der Stier wird alles unternehmen, um sein leichtes Leben und seinen inneren Seelenfrieden zu verteidigen und zu bewahren. Das gibt schmerzhafte Konflikte mit dem Schützen, und die wird der Stier nicht lange aushalten.

Eine Verbindung, die mit Vorsicht zu genießen ist!

Der Stier und der Steinbock

Fast ein Traumpaar

Der Stier und der Steinbock sind beides Erd-Zeichen. Sie verbindet daher eine natürliche Verwandtschaft und ein intuitives Verstehen. Stier und Steinbock sind emsige Arbeiter und werden gemeinsam ihr Haus errichten. Dem Steinbock wird es keine Kopfschmerzen bereiten, wenn der Stier seine Gedanken und Gefühle für sich behält; denn auch er zählt eher zu den zurückhaltenden Wesen des Tierkreises. Eine gewisse natürliche Reserviertheit ist ihm zu eigen.

Es ist ja bisher schon deutlich geworden, daß aus dem

normalerweise sanften Stier schon einmal ein wilder werden kann, so daß es ihm gut bekommen wird, sich mit dem Steinbock zu verbinden, der stets einen kühlen Kopf bewahren wird. Das gleicht sich dann dadurch wieder aus, daß der Steinbock vom Stier allerhand Lektionen in Sachen Sinnlichkeit zu lernen bekommt. Hier lernt der kühle, berechnende Steinbock eine Seite des Lebens kennen, die ihm bisher weitgehend fremd geblieben ist. Ein befruchtender Ausgleich, wenn beide Sternzeichen sich offen darauf einlassen. Wenn sich beide eher zugeknöpft geben, wird es ein „Sicherheits-Bettgeflüster", in dem es nicht gerade erotisch zu prickeln beginnt.
Aber unabhängig von individuellen Öffnungsprozessen oder einer gewissen Verschlossenheit wird es sich zeigen, daß die Verbindung von Stier und Steinbock grundsätzlich eher verhalten verläuft. Beiden ist dies aber in keiner Weise unrecht, und so empfinden sie ihr Zusammenleben als harmonisch und angenehm.

Der Stier und der Wassermann

Einer will frei sein

Der Wassermann ist als Luft-Zeichen ein rechter Luftikus. Er wünscht sich nicht mehr, als frei und ungebunden zu sein. Betrachtet man dagegen den erdhaften, an die Materie gebundenen Stier, dann fragt man sich zwangsläufig, wie zwischen den beiden Gegensätzen eine Verbindung entstehen soll. Während der Stier das Beständige, Traditionelle und Bewährte sucht, ist der Wassermann ständig

damit beschäftigt, etwas auszuprobieren und neuen, ungewöhnlichen Plänen auf die Spur zu kommen. Der Konflikt ist in dieser Widersprüchlichkeit vorherzusehen.
Wenn sich zwischen Stier und Wassermann dennoch eine bleibende Beziehung entwickelt, so in der Regel zwischen einer jungen, noch leicht beeinflußbaren Wassermann-Frau, die Sicherheit und Halt in der Beständigkeit eines Stier-Mannes sucht.
Es gehört kein prophetisches Vermögen dazu, um vorherzusagen, daß es zwischen dem ungleichen Paar ein unangenehmes Erwachen geben wird. Irgendwann wird der Wassermann oder die Wasserfrau sich auf die Suche nach der großen Freiheit begeben. Da kann es, wenn es ganz schlimm für den Stier kommt, schon einmal passieren, daß er am Abend neben seinem Wassermann oder seiner Wasserfrau einschläft, am Morgen aber allein aufwacht. Und daran wird sich während des Tages und der nächsten Woche auch nichts mehr ändern. Der Wassermann ist wieder auf die Suche nach der großen Freiheit gegangen.
Jeder Stier sollte sich den Wassermann genau betrachten, bevor er sich mit ihm einläßt. Vielleicht ist er auch ein Kandidat für den plötzlichen Abschied.

Der Stier und der Fisch

Einer ist zu sensibel

Der Fisch ist eines der sensibelsten Wesen des Tierkreises. Er neigt dazu, sich in seinen Träumen zu verlieren und die Wirklichkeit aus den Augen zu verlieren. Wenn er sich mit einem Stier verbindet, wird es sehr schwer für ihn, mit der erdhaften Kraft seines Partners oder seiner Partnerin zurechtzukommen. Er wird kein Gleichgewicht zwischen sich und dem Stier herstellen können.

Der Stier seinerseits kann sich nur mit sehr großer Mühe, und auch dann nur unvollständig, in die unendliche Vielfalt der Gedanken- und Gefühlswelt des Fisches einfühlen. Dadurch werden der Stier und der Fisch sich immer fremd bleiben. Es läßt sich kaum eine Brücke zwischen ihren so verschiedenen Reichen errichten. Zwar macht der Fisch vieles durchlässig für den Stier, aber der tiefere Sinn des ganzen Geschehens bleibt für den Stier ein großes Mysterium.

Wenn der Stier und der Fisch es bewerkstelligen, eine harmonische Beziehung aufzubauen, dann wird diese dergestalt sein, daß der Stier sein normales Leben lebt, während sein Fisch-Partner oder seine Fisch-Partnerin neben ihrer gemeinsamen Beziehung noch ein eigenes, ihm nicht zugängliches Innenleben führt.

Der Stier ruht so in sich selbst, daß er möglicherweise die Andersartigkeit des Fisches in sein Leben einzubauen vermag; aber es wird eine Verbindung sein, in der viele Dinge unausgesprochen bleiben und manche Berührung unterbleibt. Eine Kombination, die mehr Probleme aufwirft, als harmonisches Glücklichsein zu garantieren.

Sexualität: Der Stier-Mann

Der Ungenierte

Der Stier-Mann kann sich oft gänzlich ungeniert verhalten und keinerlei Hemmungen zeigen. Der Körper ist für ihn kein Geheimnis, an das er sich herantasten möchte, sondern mit ihm sind Sinnlichkeit und Erotik verknüpft.

Der potente Bulle

In der Sexualität macht der Stier-Mann seinem Sternzeichen alle Ehre. Er ist ein rechter Potenzprotz – und er ist auch noch stolz darauf. Trotzdem hat er genügend Stil, um nicht gleich mit der Tür ins Haus zu fallen. Er wird auch seiner Partnerin ihren Raum lassen und sich darum kümmern, daß seine Frau oder Freundin nicht unbefriedigt und frustriert ins Kopfkissen sinkt.

Kein Freund von Quickies

Der Stier ist kein Schnellstarter. Er braucht für alle seine Aktivitäten Zeit – auch im Bett. Seine Partnerin muß ihm vertraut sein, um so einen Raum für die intime Beziehung zu schaffen. In diesem liebt er es, ausgiebig zu schwelgen, sich verwöhnen zu lassen, aber auch selbst zu verwöhnen.

Der Stier-Mann ist vielleicht kein spontaner und kreativer

Liebhaber, auch kein Freund des Exotischen und Ungewöhnlichen, aber seine Sinnlichkeit läßt die Stunden mit ihm dennoch zum Genuß werden.

Das Schlafzimmer ist keine Turnhalle

Es liegt auf der Hand, daß der Stier kein großer Freund von akrobatischen Stellungen oder extravaganten Verrenkungen ist. Er wird auch keine übermäßige Begeisterung für nach hinten geklappte Autositze oder feucht-muffige Parkanlagen entwickeln. Dies alles entspricht nicht seinem Stil und seinem Gefühl für Luxus und Ästhetik.

Ein Stier bevorzugt das gut geheizte Schlafzimmer, mit dem gekühlten Champagner in Griffweite. Das Bett dürfte auch jenseits der Einmetermarke in der Breite liegen und sehr komfortabel sein. Es gleicht eher einer „Kuschelwiese".

Wenn es die finanzielle Lage des Stiers erlaubt, wird er sein Schlafzimmer auch mit einigen besonderen Extras ausstatten. Ein Hauch des Besonderen!

Der Gentleman-Lover

Der Stier zählt sich nicht zu den kreativsten Liebhabern, der ständig neue Liebesspiele erfindet; aber er wird gerne auf die Wünsche seiner Liebsten eingehen und so ein harmonisches Umfeld schaffen, in dem auch manche große Kühle schon dahingeschmolzen ist.

Man sollte nie unterschätzen, zu welcher Sinnlichkeit der ansonsten eher etwas grobe und schwerfällige Stier fähig ist. Hier kommt sein heißblütiges Stier-Blut so richtig ins

Wallen; und im Schlafzimmer entfaltet er seine sinnliche Natur zu 100%.
Wenn der Sex dann gut ist, kann er auch großzügig über „Fehler" seiner Angebeteten hinwegsehen, die ihm normalerweise ziemlich mißfallen würden.

Sexualität: Die Stier-Frau

Wer sie lieben will, muß Zeit mitbringen

Auch die Stier-Frau gehört zu den bedächtigen Genießerinnen im Bett. Sie will nicht überrannt und überwältigt werden, sondern sie möchte sinnlich genießen, mit Stil und großer Geste.
Wenn Sie einen unvergeßlichen Abend mit einer Stier-Frau genießen wollen, so bereiten sie ihn sinnvollerweise schon am Nachmittag vor und stellen sich auf eine lange Nacht ein. Vom zarten Vorspiel bis zur kosmischen Ekstase können viele Stunden vergehen.
Wenn Sie es aber richtig anstellen, wird Ihre Stier-Partnerin den Abend vollständig genießen; und Sie können sicher sein, *Sie* kommen auch nicht zu kurz!

Sex is Life

Die Stier-Frau ist wahrlich kein Sex-Muffel. Für sie ist eine erfüllte Sexualität so wichtig wie das tägliche Brot. Sie wird stets Raum in ihrer sorgfältigen Tagesplanung

lassen, um den Sex in ihrem Leben nicht zu kurz kommen zu lassen.
Arbeit ist wichtig, aber das Vergnügen beansprucht auch sein Recht. Gerade und vor allem für die Stier-Frau!

Sie bestimmt den Zeitpunkt

Die sinnliche Stier-Frau wartet nicht gern, wenn sie Lust hat. Es wäre ratsam für ihren Partner, möglichst auf ihre Wünsche einzugehen; wobei es natürlich wünschenswert wäre, wenn sich dies harmonisch und natürlich ergänzen würde.
Läßt man eine Stier-Frau zu lange warten, wenn sie sich in einer erotischen Stimmung befindet, kann das dazu führen, daß sie ihre immer verborgen anwesende Dominanz voll entfaltet. Das kann für die Liebe zu einer Belastungsprobe werden.

Sie liebt den Aktiven

Eine Stier-Frau mag keinen Langweiler im Bett. Sie läßt sich auch nicht gerne überrumpeln, aber dazwischen gibt es jede Menge an Spielarten.
Wenn sich ein gleichgesinnter, gleich sinnlicher Partner zu ihr ins Bett gesellt, wird sie ihm in nichts nachstehen, und die Abende und Nächte werden ereignisreich und erfüllend sein.
Verwöhnen und Verwöhnen-Lassen lautet ihre Devise!

Die Hingebungsvolle

Auch wenn die Stier-Frau eine natürliche Neigung besitzt,

im Schlafzimmer zu regieren, so fließt sie doch auch über vor weiblicher Hingabe.
Unter ihren Gefährtinnen im Tierkreis gilt sie als die Sinnlichste!

Kapitel 4

Gesundheit

Allgemeine Ratschläge

Auch ein Stier muß seine Kräfte schonen

Der Stier verfügt grundsätzlich über einen kräftigen und vor allem sehr zähen Körper. Sollte er aber doch einmal seine Kräfte überschätzt haben, und es wirft ihn um, dann dauert es lange, ehe er wieder auf den Hufen steht.
Ein Stier benötigt lange Erholungspausen, um von einer schweren Erkrankung zu genesen. Er sollte daher lernen, seine (nicht geringen) Kräfte gut einzuteilen. Dann kann ihn (fast) nichts erschüttern!

Ein Schal um den Hals

Astrologisch gesehen, ordnet man die Stimmbänder dem Stier zu. Auf sie sollte ein Stier besonders achten, vor allem wenn er zu den Sängern oder Sängerinnen gehört. Um der lästigen Heiserkeit vorzubeugen, bietet es sich an, einen Schal zu tragen.
Vorbeugen ist besser als heiße Zitrone trinken!

Der Holzsäger

Wenn der Stier auf dem Rücken liegt, können die Nächte für seinen Partner oder seine Partnerin zur Qual werden. Er sägt nachts ganze Wälder um, und es bedarf schon einer fast überirdischen Gelassenheit, um bei dieser unerträglichen Schnarcherei nicht auszurasten. Hier ist wirklich Geduld gefragt.
Oder schnarcht der Stier etwa gar nicht? Vielleicht will er

nur die bösen Tiere verjagen, die sich Ihrem gemeinsamen Lagerplatz nähern? Seien Sie also nicht ungerecht. Sie wissen nicht, wofür die Schnarchorgie gut ist.
Angenehme Nachtruhe!

Vorsicht vor Infektionen

Auch der zähe Stier ist manchmal anfällig. Wenn sich die ersten Zipperlein einstellen, sollte er dringend eine Auszeit nehmen und ausspannen.
Vor allem im Herbst, wenn sich die fiebrigen Grippen und die Infektionskrankheiten häufen, ist auch der Stier gefährdet.
Neben den grippalen Infekten können ihm auch Mandelentzündungen zu schaffen machen; aber inzwischen hat er ja hoffentlich gelernt, immer einen Schal zu tragen!

Die Schwachzonen des Stiers

Der Stier-Nacken

Der gesamte Halsbereich ist für den Stier eine Problemzone; und auch der sprichwörtliche „Stier-Nacken" wird ihm immer wieder Schwierigkeiten bereiten. Um in diesem Bereich eine Entlastung herbeizuführen, sollte er sich eine gute Nackenrolle besorgen. Dieses einfache Hilfsmittel wirkt beim Stier oft Wunder.
Gegen Verspannungen im Nackenbereich hilft auch Wärme und eine Heilmassage.

Die Völlerei

Wenn es *ein* wirklich großes Problem für die Stiere gibt – dann ist es ihre Genußsucht. Sie schlemmen einfach zu gerne, zu oft und zu intensiv. Wenn sie einmal in Stimmung sind und die Tafel in ihrer Fülle lockt, sind alle Appelle ans Maßhalten vergessen. Dieser ständige Mißbrauch des Körpers und seiner Organe kann natürlich nicht ohne Folgen bleiben.

Der Stier ist daher aufgrund seiner oft extrem ausgeprägten Völlerei ein Kandidat für Herzprobleme durch Übergewichtigkeit.

Wenn der Stier dieses Problem nicht in den Griff bekommt, kann das zu schwerwiegenden Komplikationen führen. Daher: fdH!!

Achtung, wenn der Herbst kommt

Wenn die feuchte Jahreszeit beginnt, sollte der Stier anfangen, vorbeugende Maßnahmen in Angriff zu nehmen. Erkältungswetter heißt für den Stier Alarmstufe 1. Jetzt gilt es, den empfindlichen Hals zu schützen und allen Infektionen vorzubeugen.

Wenn der Stier dieses sensible Organ nicht gut behütet, wird er zu den ersten gehören, die unter Halsschmerzen, Husten und Heiserkeit klagen werden. Er hat leider die falschen Antennen für alle Viren und Bakterien und ist aufgrund dessen äußerst gefährdet, sich eine langfristige böse Grippe oder einen fiebrigen Infekt einzufangen.

Ein guter Rat für den Stier

Sport spart Sorgen

Der Stier weist ein ungeheures Trägheitsmoment auf. Er steht bequem auf seiner Wiese und rührt sich nicht vom Fleck. Er ist glücklich und zufrieden.

Das muß anders werden. Körperliche Aktivität ist für den Stier-Geborenen ein absolutes Muß. Wenn er weiterhin nichts unternimmt, um seine ohnehin schon träge Natur nicht noch weiter abschlaffen zu lassen, sind Krankheiten vorprogrammiert.

Es wäre äußerst wünschenswert, den Stier einmal auf dem Sportplatz oder in der Tennishalle zu sehen. Schach ist dagegen nicht unbedingt die Sportart, die dem Stier zu empfehlen ist. Er benötigt Bewegung, um einen Ausgleich zu seiner phlegmatischen Lebenshaltung zu schaffen.

Vielleicht muß man ihm klarmachen, daß es auch einen *Wert* von Bewegung gibt – nämlich Wohlbefinden und eine größere körperliche Fitneß.

Den eigenen Wagen in der Garage lassen

So wie der Stier beim Essen nur schwer maßhalten kann, so geht es ihm natürlich auch beim Trinken, wobei hier nicht von Mineralwasser und Kräutertee die Rede ist.

Der Stier liebt die guten Tropfen, und wenn er zu einer Party oder einer vornehmen Abendgesellschaft eingeladen ist, wird er den edlen Flaschen schnell „auf den Grund gehen“. Er besitzt leider die ausgebildete Fähigkeit, voll-

ständig zu verdrängen, daß die edlen Getränke eine zweifach problematische Wirkung auf ihn haben können.
Zum einen wird der Stier, zusätzlich zu den durch feste Nahrung aufgenommenen Kalorien, jetzt auch noch mit jenen zu kämpfen haben, die er mittels flüssiger Nahrung zu sich genommen hat.
Zum anderen sollte man ihn, auch in bester Stimmung, daran erinnern, daß Wein, Bier und Champagner Alkohol enthalten. Das war ihm in seiner Party-Laune möglicherweise ganz entfallen.
Es bietet sich daher dringend an, wenn man mit einem Stier als Autofahrer(in) verbandelt ist, mit der Taxe anzureisen. Es könnte sich für die eigene Gesundheit und für den eigenen Führerschein als sinnvolle Handlung erweisen.

Die empfindliche Schilddrüse

Der Stier wird sich, trotz aller guten Ratschläge und der besten Vorsätze, nicht daran gehalten haben, ein gesundes Maß bei Essen und Trinken nicht zu überschreiten. Es wird also Probleme geben.
Wichtig wäre es zu beachten, daß die Schwierigkeiten mit dem Gewicht möglicherweise nicht allein vom Essen kommen, sondern ihren Ursprung in einer Fehlfunktion der Schilddrüse haben.
Der Stier sollte gerade diesem empfindlichen Teil seines Körpers seine besondere Aufmerksamkeit zuwenden.

Der Körper und die Psyche

Es ist passiert! Der Stier hat massiv Gewicht gemacht und

steht mit einhundertzwanzig Kilogramm oder Kleidergröße achtundvierzig vor dem Spiegel. Da er ein Ästhet ist und bleibt, wird der große Katzenjammer einsetzen. Jetzt bleibt nur noch zu hoffen, daß er die Willenskraft aufbringt, um die überflüssigen Pfunde wieder abzuhungern. Was für eine Quälerei für einen Stier!

Es kann ihm daher nur nochmals der gute Rat erteilt werden, in allem Maß zu halten und die Katastrophe gar nicht erst heraufzubeschwören.

Besser immer ein bißchen weniger als möglich zu essen und zu trinken, als später auf Nulldiät gesetzt zu werden!

Sanfte Heilweisen für den Stier

Entspannungsübungen

Der Stier wird weitaus weniger Mühe haben, sich körperlich und geistig zu entspannen, als etwa sein rastloser Vorgänger im Tierkreis, der Widder. Während dieser ständig von einer kraftraubenden Aktivität zur nächsten hetzt, ruht der Stier in sich und kann sich durchaus auf seine eigene Mitte konzentrieren.

Entspannungsübungen entsprechen daher durchaus seinem Naturell, und für das autogene Training trifft dies ganz besonders zu. Mit diesen einfachen Übungen kann er entspannen, und aus der eigenen Stille heraus wird er auch wahrnehmen, auf welchen Feldern seines Lebens er möglicherweise seine Kräfte überschätzt. Die Entspannungs-

übungen bewirken daher einen doppelten Effekt: Sie heilen und beseitigen Streß im Körper, und sie führen zur Einsicht, wodurch weiterer Streß vermieden werden kann. Autogenes Training wird mittlerweile an fast allen Volkshochschulen oder sonstigen sozialen Einrichtungen gelehrt und ist leicht zu erlernen.
In manchen Fällen übernehmen sogar die Krankenkassen die Kurs- oder Seminargebühren.

Bioenergetik

Bioenergetik wurde vom Jahr 1956 an von dem amerikanischen Psychologen Alexander Lowen, einem Schüler von Wilhelm Reich, an seinem Institut für Bioenergetische Analyse entwickelt.
Lowen ging davon aus, daß der Körper eine grundlegende Energie besitzt, die sogenannte Bioenergie, die sich in der Muskulatur verankern kann, die sich aber auch in psychischen Reaktionen, wie Weinkrämpfen oder anderen starken Gefühlsausbrüchen, manifestieren kann.
Jeder geistig-seelische Prozeß löst eine körperliche Reaktion aus. Da es, vor allem in der Kindheit, oft zu traumatischen Situationen kommt, baut der Organismus allmählich eine Art „Schutzpanzer“ auf, um sich vor Schmerzen oder Kummer zu schützen. Für diesen Prozeß verbraucht der Körper „Bioenergie“.
Um diese neu aufzubauen, werden verschiedene Übungen angewandt. Zum einen wird die Sauerstoffversorgung durch Atemübungen verbessert, und dem Patienten wird eine neue Körperhaltung vermittelt, mit der er stärker die Erde spürt (Grounding = Erdung). Eine ideale Übung für den Stier!

So lernt er allmählich, seine Bioenergie ungehindert und harmonisch durch den Körper strömen zu lassen. Die therapeutischen Übungen werden häufig im unbekleideten Zustand durchgeführt, was den Stier aber nicht irritieren wird.

Rolfing

Die Amerikanerin Ida Rolf entwickelte in den dreißiger Jahren diese Körpertherapie. Da auch Ida Rolf von Wilhelm Reich und Feldenkrais beeinflußt war, spielt der Gedanke des „Charakterpanzers“ auch in ihrem therapeutischen Ansatz eine Rolle. Dieser Panzer, der seelische Verletzungen verhindern soll, führt schließlich zu einer muskulären Verspannung, die bis hin zur Einschränkung der Beweglichkeit führen kann.
Ziel von Rolfing ist es daher, eine Lockerung und Entspannung der Muskulatur sowie des Bindegewebes herbeizuführen.
Ein therapeutischer Ansatz, der nicht nur dem „Stier-Nakken“, sondern dem ganzen Menschen Hilfe bringen kann.

Traumarbeit

Um dem Stier Zugang zu seinen inneren Kraftquellen zu schenken, bietet es sich an, ihm diese über sein Traumleben zu erschließen. Dabei spielt es keine Rolle, welche Form der Traumarbeit ihn anspricht, wichtig ist allein die Bereitschaft, über die Träume eine neue Dimension des eigenen Wesen zu erschließen.
Träume sind nicht immer nur Schäume – eine wichtige Lektion für den erdverhafteten Stier!

Heilfasten

Was für eine wundervolle Erfahrung für den genießerischen Stier! Nulldiät, Saftfasten, Meyer-Kur oder was auch immer. Er wird es hassen!
Aber wenn er derartig *gesündigt* hat, bleibt ihm letztlich keine andere Wahl mehr. Wer nicht hören will, muß fasten!

Das Bach-Blüten-Mittel

Sicherheit und Werte stellen die Hauptthemen für einen Stier dar. Dieses Bedürfnis führt dazu, daß er sich bei Veränderungen besonders widerspenstig und auf Gewinn bedacht verhält.
Während man im allgemeinen den Stier mit Geld in Zusammenhang bringt, sollten wir daran denken, daß er auch zu den sogenannten „religiösen Zeichen" gehört.
Spirituelle Sehnsüchte äußern sich in übertriebenen Wertvorstellungen, die Verhaltensregeln einschließen sowie ein tiefes Moralgefühl.
Es ist interessant, daß der Stier das herrschende Zeichen im Alten Testament der Hebräer war. Dies gilt ganz besonders für die fünf Bücher Moses, die Thora. Das Wort Thora geht auf den Namen Taurus (Stier) zurück. Wenn man darüber nachdenkt, wird man zum passenden Bach-Blüten-Mittel geführt.
Das Bach-Blüten-Mittel für den Stier ist

GENTIAN (Herbstenzian).

Die Gemütsverfassung des Menschen, der Gentian benötigt, ist im allgemeinen negativ. Diese Menschen leiden oft an Depressionen und Melancholie, oder sie sind leicht entmutigt. Da sie eigensinnig und unflexibel sind, ist es schwierig, sie aufgrund ihrer negativen Lebenseinstellung während einer Krankheit zu behandeln. Sie glauben, sie seien Opfer jeder leichteren oder schwereren Krankheit, und zeigen sich für die geringsten negativen Beeinflussungen hinsichtlich ihres Gesundheitszustandes empfänglich. Es fehlt ihnen an Glauben, und sie sprechen von den Schwierigkeiten und Rückschlägen im Leben als vom „Willen Gottes".

Andererseits zeigen sie sich skeptisch gegenüber allem Guten, das ihnen begegnet, da sie nur an „Pech und Unglück" glauben und glückliche Umstände oder Glück bezweifeln.

Sie suchen nach Negativem, um sich zu beschweren. Materiell gesinnt und in ihrem Verständnis am Wort haftend, sind sie sich der unsichtbaren Einflüsse und Kausalkräfte, die ihr Leben formen, nicht bewußt. Sie versäumen es, den Bezug der Dinge untereinander zu erfassen, und bewegen sich blind durch den Tag – d. h. falls sie sich überhaupt bewegen, da sie ein widerstrebendes Temperament besitzen und zulassen, daß die Trägheit die Oberhand gewinnt, wodurch sie immer unbeweglicher werden. Sie erscheinen bequem, doch wahrscheinlich aus Furcht vor etwas Neuem.

Durch einen unerschütterlichen Glauben an die Macht und die Gesetze der Natur entwickelt sich der konstruktive *Gentian-Typus* zu einem wahren Felsen der Entschiedenheit und der Entschlußkraft. Durch seine Glaubensstärke vermag er für andere von großem Trost sein, indem er als Beispiel für Ausdauer und spirituelle Stärke dient. Ihre entschlossene Haltung und beständigen Bemühungen lassen diese Menschen zu einer täglichen Inspiration für andere werden.

Das Aura-Soma-Mittel

Eine weitere sanfte Heilweise, die gerade erst begonnen hat, in breiteren Kreisen Anerkennung zu finden, sind die Farb- und Duftöle von Aura-Soma, einer englischen Gemeinschaft. Da die vielen Ölfläschchen, die wunderbar duften und sehr schön anzuschauen sind, nicht allgemein einem Sternzeichen zugeordnet werden können, empfiehlt es sich, einen der vielen Aura-Soma-Therapeuten zu Rate zu ziehen, die heute praktisch in jeder mittelgroßen Stadt anzutreffen sind.
Es empfiehlt sich, eine Aura-Soma-Flasche neben das Bett zu stellen!

Kapitel 5

Essen und Trinken

Der Stier in der Küche

Der deftige Genießer

Der Stier befindet sich in der Küche in seinem Element. Er wird es lieben, für seine vielen Freunde stundenlang zu kochen und die erlesensten und schmackhaftesten Köstlichkeiten auf den Festtagstisch zu zaubern. Was ein Festtag ist, bestimmt der Stier natürlich selbst; und es gibt in seinem Kalender wahrlich viele *Festtage*!

Am liebsten wird sich der Stier einer deftigen Hausmannskost zuwenden. Dies entspricht nicht nur seinem persönlichen Geschmack, es entspricht auch in vollkommener Weise seinen Kochkünsten.

Der Anti-Vegetarier

Wie fast alle Erd-Zeichen liebt der Stier die Fleischküche. Das führt naturgemäß zu den bereits ausführlich geschilderten Schwierigkeiten. Eisbein, Rinderschmorbraten und Kalbsrollbraten haben nun einmal eine andere Kaloriendimension als zarter Lachs oder Salatteller mit Kräuterdressing.

Trotzdem wird man den Stier nur schwer von diesen für ihn so genüßlichen Fleischtöpfen fernhalten können. Die entsprechenden Pfunde werden nicht lange auf sich warten lassen.

Der Versuch, einen Stier zum Vegetarismus zu überreden, käme einem Akt seelischer Grausamkeit gleich. Haben Sie Mitleid, falls Sie Vegetarier sind. Der Stier schließt sich Ihnen entweder freiwillig an, aus Überzeugung, oder gar nicht, auch aus Überzeugung.

Bierhefe

Ein wichtiger Tip für den kochenden Stier lautet: Bierhefe verwenden. Sie wäre ein hervorragender Zusatzstoff und zudem ideal geeignet, die empfindliche Schilddrüse zu entlasten.
Der Stier sollte sich das Wort auf den Speisezettel schreiben!

Die unerschöpfliche Rezeptsammlung

Stiere kochen nicht nur gut, sie haben auch eine erlesene Rezeptsammlung, auf die sie Sie gerne Zugriff nehmen lassen, wenn ihnen selbst gerade nichts einfällt. Schließlich fühlt sich der Stier geschmeichelt, wenn Sie auf *seine* Rezepte zurückgreifen.
Er kommt, wenn es denn sein muß, auch gerne zum Essen vorbei!

Die großen Köche

Nicht wenige der großen Köche gehören dem Sternzeichen Stier an. Sie sind Meister ihres Fachs.
Der Stier beherrscht zudem nicht nur die edle Kochkunst, er verfügt auch über die hilfreiche Fähigkeit, beim Einkaufen sehr gut auszuwählen und das Preis-Leistungs-Verhältnis scharf im Blickwinkel zu behalten.
Was könnte besser für den Job als Koch geeignet machen?

Der Stier und seine Gäste

Die ausgelassene Tafelrunde

Der Stier ist ein ganz besonderer „Ritter der Tafelrunde“. Er läßt die anderen sich prügeln, während er sich dem Tafeln zuwendet!
Er liebt es, seine Gäste zu verwöhnen. Es wird kaum einen Gast geben, der sich bei einem Stier-Gastgeber nicht wohl fühlt. Es wird nicht nur Essen und Trinken hervorragend sein, auch das ganze Äußere wird harmonisch, ästhetisch und sehr gepflegt sein. Von der Tischdekoration bis zu den Kerzen wird alles perfekt aufeinander abgestimmt sein.
Es ist ein Genuß und ein Fest, in fröhlicher Runde beim Stier zu Gast zu sein!

Essen und Geldverdienen

Schon seit den Tagen der alten Römer gehören Essen und Geschäfte zusammen. Der Stier setzt diese gute alte Tradition in vollendeter Art und Weise fort. Sie werden an seiner Tafel nicht nur ausgezeichnet speisen, sondern möglicherweise auch mehr über Aktien, Sparbriefe und Geldanlagen hören als bei Ihrer Bank.
Gibt es eine bessere Art, das Angenehme mit dem Nützlichen zu verbinden, als bei Stieren zu Abend zu essen?

Keine falschen Gäste mitbringen

Wenn Sie bei einem Stier zum Essen eingeladen sind,

müssen Sie vorher nicht schnell noch ein Schnittchen essen. Sie werden reichlich versorgt werden.
Auch den Gast, den Sie möglicherweise unverhofft mitbringen, wird Ihr Stier-Gastgeber mühelos mitverköstigen. Es kann allerdings sein, daß er Ihnen den Gast als solchen übelnimmt, denn er stellt seine Gästeliste gerne selbst zusammen, um unerwünschte Überraschungen zu vermeiden.
Der Stier wird also möglicherweise nicht sehr beglückt sein, wenn ihm der neue Gast gerade nicht gefällt. Sie sollten daher immer vorher eine kurze telefonische Absprache treffen, um abzuklären, ob Ihr Freund oder Ihre Freundin auch in die Runde passen. Sollten Sie mit einer militanten Vegetarierin zum Sauerbraten-Essen auftauchen, könnte das Ihre letzte Einladung gewesen sein. Der Stier wird Ihnen nie verzeihen, daß Sie sein Festmahl gestört haben!

Die Lieblingsgerichte des Stiers

Der Stier mag es gerne deftig. Für die etwas extravagante „Nouvelle Cuisine“ wird er sich nicht sonderlich begeistern können. Wenn Sie einen Stier zu Gast haben, sollten Sie sich eher an der Böhmischen Küche orientieren. Dabei können Sie von der Vorspeise über den Hauptgang bis hin zum Nachtisch das ganze Register der habsburgischen Kochkunst ziehen.
Stellen Sie sich vor, wie Kaiser Rudolf II. in Prag getafelt

hat, und Sie haben die rechte Inspiration, um Ihrem Stier einen unvergeßlichen Abend – zumindest kulinarisch! – bereiten zu können.

Ein typisches Stier-Rezept: Schmorbraten nach Prager Art

Reichlich Rindfleisch
Ein Pfund Wurzeln
Rotkohl
Steinpilze
Prager Räucherkäse
Salz
Pfeffer
Oregano
Kümmel
Klöße
Würstchen

Schmorbraten nach Prager Art besteht nicht einfach nur aus einem Hauptgericht, das wäre für einen Stier wirklich zu spartanisch.
Sie kochen daher zuerst eine Prager Haubensuppe, indem Sie die Fleischbrühe fein abwürzen, mit kleinen Wurzelstückchen noch einmal kurz aufkochen und dann mit einer leichten Blätterteighaube und Käse im Ofen aufgehen lassen.
Sehr heiß servieren und vorsichtig anstechen!
Für die Klöße besorgen Sie sich am besten ein Rezept Ihrer Großmutter. Irgendein Verwandter wird schon einen Kontakt nach Böhmen aufzuweisen haben; und Böhmi-

sche Klöße wären für den Stier einfach das höchste der Gefühle.
Bereiten Sie dann auf traditionelle Weise den Schmorbraten zu, und vergessen Sie bitte nicht, ein paar Nelken vom Prager Wenzelsplatz beizufügen, sonst wird es nur unvollkommen schmecken.
Am Schluß des Abends sollten Sie dann noch einen Knaller oben drauf setzen – Pflaumenmusklöße und angebratener Zuckersauce. Es kann sein, daß jetzt der Augenblick gekommen ist, wo der Stier unsterblich für Sie entflammt. Dazu bedarf es dann keiner flambierten Früchte mehr!

Die Lieblingsgetränke des Stiers

Einem Stier sollten Sie nur dann einen spritzigen Moselwein servieren, wenn es außerdem nur noch abgestandenes Mineralwasser im Kühlschrank gibt. Es wäre keine gute Wahl.
Vielleicht haben Sie aber einen schweren, sehr irdischen Rotwein im Keller, vielleicht einen zehn Jahre alten Amarone aus dem Valpolicella. Das wäre der Treffer des Abends.
Zur Böhmischen Küche paßt aber auch ein frisch gezapftes Budweiser Bier oder ein feinherbes Pilsner Urquell. Auch ein starkes dunkles Krusovice (ein Geheimtip für den Stier!) könnte Ihre Pluspunkte bei Ihrem Stier weiter vermehren!

Wie ich einen Stier verwöhne

Liebe geht durch den Magen

Wenn es ein Sternzeichen gibt, für den dieser Satz wahrhaft wie geschaffen ist, dann den Stier. Er ist der große Genießer im Tierkreis, und er wird sein Herzblatt nicht zuletzt unter dem Gesichtspunkt beurteilen, was es ihm in der Küche zu bieten hat.

Der Stier-Mann wie auch die Stier-Frau lassen sich gerne bekochen und werden die leckeren Gerichte auch wahrhaft zu würdigen und zu genießen wissen.

Wenn dazu auch noch das Ambiente stimmt, der schön gedeckte Tisch, das ausgewählte Geschirr, die dezente Beleuchtung und der Duft eines nicht zu aufdringlichen Räucherstäbchens, dann ist die Verwöhnstunde perfekt!

Der Wein-Freund

Der Stier wird den guten Wein nicht nur zu genießen wissen, er wird sich auch als ausgesprochener Kenner erweisen. Wenn er bei Ihnen zu Gast ist, könnte nur ein Problem entstehen – die Anzahl der Flaschen könnte nicht ausreichend sein.

Wenn Sie einen Stier zum Weinabend einladen, sollten Sie genügend Vorrat zur Verfügung haben. Bitte rechtzeitig aus dem Keller holen, damit die Temperatur stimmt. Mit einem eiskalten Burgunder können Sie einen Stier zutiefst enttäuschen.

Der gute Tropfen. Welche Verschwendung!

Das Leckermäulchen

Ein äußerst gefährlicher Ort für einen Stier ist die Konditorei. Je größer die Vielfalt, desto größer die Gefahr. Der Stier wird sich den einzelnen Exemplaren mit großer Kennerschaft nähern, sich daran erfreuen und wahrscheinlich mit Kennermiene das eine oder andere (oder auch alle!) Stück probieren.
Damit wären wir wieder bei der Gewichtsfrage angelangt. Am besten wäre es, Sie würden mit Ihrem Stier nach der Konditorei gleich gemeinsam ein Fitneßstudio aufsuchen. Umgekehrt geht es natürlich auch; und vielleicht wäre dies für die Stimmung und den bevorstehenden Abend die bessere Variante.

Verwöhnen mit Stil

Vielleicht wissen Sie zufällig, daß einer Ihrer wichtigsten Geschäftspartner ein Stier ist. Sollten Sie dann vor einer entscheidenden Verhandlung stehen, verlegen Sie diese einfach in das edelste Spezialitätenrestaurant der Stadt. Falls Ihre Konkurrenz nicht diese astrologischen Fachkenntnisse besitzt, dürfte Ihnen der Auftrag kaum noch zu nehmen sein.
Vielleicht hat Ihr Stier aber auch Geburtstag, Namenstag oder zusammen mit Ihnen Hochzeitstag. Dann wäre der Besuch des genannten Restaurants auch für Sie zu empfehlen. Da in Ihrem Fall aber die Rechnung auf Sie geht, sollten Sie die Kreditkarte nicht vergessen, denn es wird mit Sicherheit kein billiger Abend. Da die Portionen in diesem eleganten Futtertempel eher schmal ausfallen,

wird der Stier, ohne sich zu überanstrengen, mühelos fünf oder sechs Gänge verspeisen können.
Das geht ins Geld!

Gemütlichkeit zu Hause

Auch wenn Ihr Stier die Eleganz und vollendete Küche des Feinschmeckerrestaurants überaus zu schätzen weiß, wird es ihn noch mehr beglücken, wenn Sie ihm die gleichen Delikatessen im trauten Heim präsentieren.
Er wird es genießen, Ihre liebevoll zubereiteten Speisen zu verzehren, der gedämpften Musik zu lauschen und Sie zu bewundern, wie Sie ihm den Abend verschönern.
Sollten Sie mehr als nur eine freundschaftliche Beziehung zu Ihrem Stier-Gast haben, wird er Sie auf seine Weise sehr sinnlich entschädigen.
Es hat noch niemand bereut, einen Stier verwöhnt zu haben!

Genießer oder Asket

Die fehlende Askese

Die Frage nach Genießer oder Asket ist beim Stier falsch gestellt. Sie erübrigt sich eigentlich.
Der Stier ist wahrlich nicht zum Asketen geboren. Seine Liebe zu allen Arten von kulinarischen Genüssen ist zu stark ausgeprägt, um einfach so darauf verzichten zu können.

Gesundheitskost

Versuchen Sie doch einmal, einen Stier zu gesunder Rohkost oder vegetarischer Feinschmeckerkunst zu bekehren. Sie werden scheitern! Eher verläßt Sie der Stier, als daß er seiner reichlichen und kalorienreichen Kost entsagt.
Geben Sie es auf, bevor er Sie aufgibt!

Die gefährdete Sinnlichkeit

Wenn Sie selbst ein Stier sind, so sollten Sie eines bedenken: Wenn Sie Ihre Völlerei nicht unter Kontrolle halten können, wird mit Sicherheit der Tag kommen, an dem es mit Ihrer sinnlichen Anziehungskraft vorbei ist.
Wer liebt schon eine Litfaßsäule?
Abgesehen davon sollten Ihnen die letzten Werte der Bluthochdruckmessung nun wirklich zu denken geben. Es ist Zeit, auf die Bremse zu treten!

Kapitel 6

Kinder

Mein kleiner Stier

Das stramme Baby

Als das erste Mal eine Mutter, Oma oder Hebamme von einem „strammen Baby“ sprach, blickte sie wahrscheinlich auf einen kleinen Stier. Für kaum ein anderes kleines Neugeborenes paßt der Ausdruck besser.
Stiere drängeln sich nicht gerade auf die Erde. Sie haben doch alle Zeit der Welt, um hier unten anzutreten. Sie können es sich leisten, ordentlich zu spät zu kommen. Dafür bringen sie ja auch etwas mit – mindestens acht Pfund!

Sicherheit zuerst

Ihr kleines Stier-Kind braucht ein erhebliches Maß an Sicherheit, mehr als Sie es vielleicht für Kinder aus anderen Sternzeichen bisher für nötig hielten. Hier ist der kleine Stier bedürftiger.
Schon ein kleiner Umzug oder eine andere einschneidende Ortsveränderung können den kleinen Stier überfordern. Ganz dramatisch wird es, wenn sich seine Eltern trennen oder scheiden lassen. Das kann zu einer traumatischen Erfahrung für das Stier-Kind werden.
Alle kleinen oder größeren Veränderungen gilt es behutsam und sorgfältig vorzubereiten. Wenn Sie Ihren kleinen Stier in diesem Bereich falsch behandeln, dürfen Sie sich nicht wundern, wenn er schlecht gelaunt oder aggressiv reagiert. Sie haben seine innere Ordnung gestört!

Die langsame Auffassungsgabe

Ein Stier-Kind wird nicht gerade ein Schnellmerker sein.Kleine Stiere benötigen, wie auch die großen, mehr Zeit als ihre Spielkameraden, um bestimmte Dinge zu begreifen. Dafür beherrschen sie sie dann auch vollkommen.

Die Auffassungsgabe Ihres kleinen Stierleins ist gründlich, aber sie braucht Zeit, um sich gut zu entwickeln. Hier können Sie mit einer entspannten Atmosphäre viel dazu beitragen, daß Ihr Stier nach seinem eigenen Rhythmus lernt und sich Schritt für Schritt, in seinem Tempo, die Welt erschließt.

Die charmanten Schlingel

Als Eltern oder Erzieher müssen Sie eines wissen: schon kleine Stiere können ziemlich charmante Schlingel sein. Wenn Sie nicht aufpassen, gelingt es ihnen, ehe sie sich versehen, Sie um den Finger zu wickeln.

Als Eltern oder Lehrer sollten Sie früh lernen, nein zu sagen. Auch wäre es gut, sich zu hüten, den kleinen Stier zu sehr zu verwöhnen. Noch verkehrter wäre es, den Weg des geringsten Widerstandes zu gehen und der Dickköpfigkeit des Stieres einfach durch Resignation nachzugeben. Sie werden ganz schnell in einem Muster gefangen sein, aus dem Sie nur schwer wieder entkommen können.

Ihr kleiner Stier wird Ihre Schwächen umgehend zu seinem Vorteil auszunutzen wissen.

Süßigkeiten

Das Thema Süßigkeiten steht in der Kindererziehung zwangsläufig immer ganz weit oben. Beim Stier nimmt es allerdings einen Spitzenplatz ein.
Sie können sicher sein, daß Ihr kleiner Stier alle Mittel und seine ganze kindhafte Raffinesse einsetzen wird, um an das heißgeliebte Zeug zu kommen. Hier müssen Sie unbedingt lernen, Grenzen zu ziehen und den kleinen Stier zum Maßhalten anzuleiten. Wenn Sie ihm als Kind diese Disziplin vermitteln, wird es Ihnen der erwachsene Stier später einmal danken.
Auch wenn Ihr Stier-Kind Ihnen den letzten Nerv raubt, erkaufen Sie sich nicht ein ruhiges Viertelstündchen, indem Sie den Kleinen oder die Kleine vor eine Tüte Süßigkeiten setzen. Es wäre ein Verbrechen gegen die Zukunft des kleinen Stiers!

Die Zornesausbrüche

Behalten Sie den kleinen Stier immer gut im Auge. Sollten Sie eines Tages plötzlich rote Flecken in seinem Gesicht oder an seinem Hals bemerken, heißt es höchste Aufmerksamkeit. Sie sollten sich auf einen Wutausbruch gefaßt machen, der es in sich hat. Sie werden sehr verblüfft sein, welche Kraft in dem kleinen Stier schon steckt.
Wenn Ihre Familie vielleicht auch noch einen zarten Krebs oder einen sanften Fisch aufweist, sollten Sie sich schützend vor diese zartbesaiteten Wesen stellen, denn diese könnten durch den plötzlichen Wutausbruch von Bruder oder Schwester ernstlich erschreckt werden. Es

könnte sogar dazu führen, daß eine gewisse Distanz zwischen den Geschwistern entsteht.
Mit Umsicht und Aufmerksamkeit lassen sich solche kleinen „Familientragödien“ vermeiden.

Die Schilddrüse

Sollte Ihr kleiner Stier schon sehr früh starke Ansätze zu Übergewicht zeigen und gar keinen Bewegungstrieb erkennen lassen, sollten Sie einen Arzt heranziehen, um seine Schilddrüse untersuchen zu lassen.
Oft liegt hier ein unerkanntes Gesundheitsproblem, das sich durch Früherkennung meistens noch gut beheben läßt.

Sport tut not

Da auch kleine Stiere schon nicht zu den Aktivitätsbolzen zählen, sollten Sie früh Ihr Augenmerk darauf richten, sie zu einer Sportart ihrer Wahl anzuregen; oder zumindest sollten Sie dafür sorgen, daß der junge Stier an die frische Luft kommt und sich in freier Wildbahn ausgiebig bewegt.
Der langsame Stoffwechsel des Stiers hat es wirklich nötig, eine kräftige Anregung zu erhalten. Da er nur unwillig eine Aktivität ausüben wird, die ihm keinen Spaß bereitet, sollten Sie ihm vollständig die Wahl überlassen. Auch wenn es etwas seltsam klingen mag: besser er legt einen Kleingarten an, als wenn er nur mit den Computerspielen beschäftigt ist.

Der Geschäftstüchtige

Es sollte Sie nicht verwundern, wenn der Geschäftssinn des Stiers schon frühe Blüten treibt. Möglicherweise wird Ihr kleiner Stier schon früh beginnen, seine alten Spielsachen zu guten Preisen an seine Freunde zu verkaufen. Seine diesbezüglichen Fähigkeiten können schon sehr früh ausgesprochen gut ausgeprägt sein. Vielleicht wäre es auch nicht verkehrt, gelegentlich einen Blick darauf zu werfen, ob Papas Briefmarkensammlung oder die getrockneten Schmetterlinge noch komplett sind. Nur zur Sicherheit!

Die soziale Ader

Machen Sie dem kleinen Stier schon früh klar, daß es auch Menschen gibt, die weitaus weniger besitzen als er. Er sollte schon früh begreifen, daß es wichtig ist, etwas an einen Ort, einen Menschen oder eine Einrichtung zu geben – die nicht seine Sparbüchse sind!

Wenn der Stier früh lernt, etwas von seinem Besitz abzugeben, wird er sich später leichter damit tun. Sie erreichen dies am leichtesten, indem Sie an sein gutes Herz und sein freundliches, liebevolles Wesen appellieren.

Die Liebe zur Natur

Bei kleinen Stieren sollte früh die Liebe zur Natur geweckt und gefördert werden. Dem Wachstum von Pflanzen und Blumen zuzuschauen, stellt für die meisten Kinder eine wertvolle Erfahrung dar; für den Stier gilt dies aber noch einmal in besonderer Weise. Er kommt in die Verbundenheit mit seinem eigenen Element – der Erde.

Wenn Sie über keinen eigenen Garten verfügen, genügt auch der Blumenkasten auf der Fensterbank. Die Erfahrung der Wachstumskräfte läßt sich auch auf diese einfache Art und Weise vermitteln.

Monopoly

Wenn Sie bisher noch keine Brettspiele im Haus hatten, dann wird es jetzt Zeit. Eines darf dabei auf keinen Fall fehlen – Monopoly. Sie sollten sich schon frühzeitig moralisch darauf einstellen, daß Sie dieses Spiel in den nächsten Jahren, solange Ihr Stier heranwächst, regelmäßig begleiten wird.
Wenn Sie es nur einmal pro Woche spielen müssen, sollten Sie sich nicht beklagen. Notfalls kann man es ja vor dem Abendspielfilm zur Seite stellen und am nächsten Nachmittag mit den gleichen Häusern und Straßen weiterspielen.

Die Schulzeit

Die Disziplinierten

Stiere haben in der Regel keinerlei Schwierigkeiten, sich der neuen Disziplin in der ersten Klasse zu unterwerfen. Ein geregelter Tagesablauf kommt ihrem Naturell entgegen, und die Schulordnung werden sie ohne Probleme akzeptieren.
Hier können Sie etwas entspannen; denn die Schule wird dem jungen Stier durchaus entsprechen.

Lernschwierigkeiten

Auch wenn der kleine Stier gerne zur Schule geht, muß das nicht heißen, daß sie ihm leichtfällt. Das Lernen kann ihm durchaus Kummer bereiten und nicht leicht von der Hand gehen.

Ein kleiner Stier benötigt oft mehr Erklärungen als andere Kinder. Zum einen will er es genau wissen; zum anderen versteht er es einfach mit der ersten Erklärung noch nicht.

Mit etwas mehr Geduld und liebevollem Einfühlungsvermögen wird diesem Problem aber beizukommen sein.

Das Schulgebäude

Schon für den kleinen Stier spielt seine Außenwelt eine große Rolle. Wenn seine Schule in einem schlechten Viertel liegt, seine Mitschüler gewalttätig sind und die Wände vor Schmierereien starren, wird er sich kaum wohl fühlen.

Fühlt er sich aber in seiner Umgebung nicht wohl, kann das für den jungen Stier durchaus zur Beeinträchtigung seines Lerneifers führen.

Sie sollten bei der Auswahl der Schule für Ihren kleinen Stier diesen Faktor unbedingt im Auge behalten!

Der Schulchor

Das Sternzeichen Stier steht in einer engen Verbindung zu den Stimmbändern. Viele Stiere haben eine schöne, wohlklingende Stimme, und es wäre zu überlegen, ob Sie Ihren kleinen Stier nicht im Schulchor anmelden. Er muß es ja nicht gleich zum Wiener Sängerknaben oder Regensburger Domspatzen bringen; aber vielleicht singt er ja beim nächsten Schulfest.

Stier-Kinder und ihre Spielgefährten

Kleine Stiere und kleine Jungfrauen

Ihr kleiner Stier wird sich wahrscheinlich besonders gerne mit einer kleinen Jungfrau anfreunden. Gemeinsam könnten sie dann einträchtig ihre kleinen Klapptische nebeneinander aufbauen und ihr Spielzeug und was sie sonst noch einkassiert haben zum Verkauf anbieten.
Anschließend wird dann natürlich sehr genau verglichen werden, was jeder verdient hat. Vielleicht lädt der Stier die Jungfrau noch zum Eisessen ein, aber bezahlen wird natürlich jeder aus seinem eigenen Geldbeutel.

Die erste Enttäuschung

Freundschaft ist etwas sehr Wichtiges für den kleinen Stier. Sollte es ihm schon früh widerfahren, daß sich sein Freund oder seine Freundin mit einem anderen verbindet, vielleicht sogar noch gegen ihn, so wird ihn dies schwer treffen.
Es wird eine erste, schmerzhafte Begegnung mit der Wirklichkeit der Welt sein und vielleicht eine tiefe Prägung hinterlassen. Nehmen Sie diese kleinen „Tragödien“

ernst. Sie sind es zumindest für Ihren kleinen Stier. Das sollte genügen!

Das gemeinsame Spiel

Gemeinsam mit seinen Freunden zum Fußballtraining oder mit ihren Freundinnen zum Tischtennis zu gehen, wird den kleinen Stier-Jungen oder Stier-Mädchen gefallen. Sie sollten diese ersten gemeinsamen sportlichen Aktivitäten unbedingt unterstützen. Hier werden Meilensteine für seinen späteren sportlichen Ausgleich gelegt.
Aktivität ist außerordentlich wichtig für kleine Stiere!

Die aktiven Sternenkinder

Sie sollten Ihr Augenmerk darauf richten, den kleinen Stier schon früh in Kontakt mit den kleinen Abenteurern des Tierkreises zu bringen. Kleine Widder, Schützen oder Löwen wären da genau die richtigen. Von ihrem Unternehmungsgeist könnte der kleine Stier eine ordentliche Portion gebrauchen; und dies gilt für Jungen und Mädchen in gleichem Maße!

Teilen lernen

Schon der kleine Stier hält mit großem Einsatz an seinem Besitz fest und versucht ständig, ihn noch zu vermehren. Wecken Sie schon früh das Verständnis dafür, daß es bedürftige Kinder gibt, denen man etwas abgeben sollte. Vielleicht berühren Sie sein Herz auch im Einsatz für mißhandelte Tiere oder im Mitgefühl für kranke, alte

Menschen. Achten Sie darauf, wo Ihr Stier-Junge oder Ihr Stier-Mädchen Anteilnahme signalisiert. Hier sollten Sie ansetzen.
Am Anfang wird es für den kleinen Stier vielleicht schwer sein, etwas von seinem Besitz abzugeben; aber früh übt sich!

Kapitel 7

Freizeit

Die Reiseländer des Stiers

Iran

Die Kunst und Kultur des alten Persien faszinieren den Ästheten im Stier. Mit dem Fanatismus der Ayatollahs hat er nichts am Hut, dazu steht die religiöse Frage auch nicht genügend im Mittelpunkt seines Lebens. Die Schönheit und Pracht der Teppiche und Vasen, der reich verzierten Moscheen und Paläste aber werden ihn begeistern.
Das Problem könnte am Zoll liegen, wenn er bei der Einreise von einem freundlichen Herrn in Uniform nach Mitbringseln gefragt wird.
Hier heißt es geschickt zu schwindeln – oder zu berappen!

Der Insulaner

Der Stier wird stets den gepflegten Urlaub lieben. Abenteuerreisen im Zelt oder die Durchquerung von Wüsten oder Urwäldern sind nicht seine Sache.
Der Inselurlaub auf Ischia oder in der Ägäis, in einem komfortablen 4-Sterne-Hotel, kann ihn begeistern.
Vielleicht kann man das Ganze ja noch mit einer kleinen Kreuzfahrt auf einem Luxusdampfer kombinieren. Der Stier wäre mit von der Partie!

Irland

Irland bietet sich nicht auf den ersten Blick als Reiseland für den Stier an, es sei denn, man denkt an die Kühe auf den grünen Wiesen; aber diese können nur als Symbol gelten. Als Symbol für die Erdverhaftetheit der Bewohner.

Dem Stier wird diese Qualität an Irland faszinieren. Es ist ein Land von urwüchsiger Kraft, und das spürt der Stier, sobald er einen Fuß auf die grüne Insel gesetzt hat. Er wäre sogar bereit, für eine intensive Irland-Rundreise kleine Abstriche von seinem Komfortbedürfnis vorzunehmen.

Schweiz

Wenn der Stier am Morgen seine Reise antritt, möchte er sicher wissen, wo er am Abend sein müdes Haupt zur Ruhe bettet. Dabei haßt er nichts mehr als unliebsame Überraschungen an seinem Urlaubsort. Was könnte also näherliegen als eine Reise ins Mutterland der Präzision – in die Schweiz.

Hier findet der Stier alles, was sein Herz begehrt. Eine einmalige Naturschönheit, ein sicheres Umfeld, jeden Luxus, den sein Herz begehrt, und alles in bester Ordnung aufeinander abgestimmt.

Was will ein Stier mehr verlangen?

Tasmanien

Von allen möglichen Reisezielen des Stieres ist dieses wohl das extravaganteste. Nach Tasmanien wird der Stier reisen, wenn er einmal wirklich den Rückzug sucht. Vielleicht verknüpft er die Reise mit einer Fastenkur; aber er wird wohl frühzeitig abbrechen. Er hat völlig übersehen, welchen phantastischen Rotwein der fünfte Kontinent mittlerweile erzeugt. Oder hat er es doch gewußt?

Auf alle Fälle wird er an den australischen Edeltropfen nicht vorbeigehen können. So kommt er vielleicht nicht dünner zurück, aber glücklich!

Der Stier und seine Hobbys

Der Hobbygärtner

Unter den großen Rosenzüchtern werden Sie manchen Stier finden. Er wird es genießen, in seinem Garten zu arbeiten, die Beete anzulegen und die Rosen zu beschneiden.
Wenn der Stier nicht von Haus aus einen Garten besitzt, wird er alle Hebel in Bewegung setzen, um zumindest einen Schrebergarten zu mieten.
Die Bewegung in der Natur, die Arbeit mit Blumen und Pflanzen entspannen ihn und schenken ihm Freude. Allerdings wird er nicht ganz den Hintergedanken verdrängen können, daß das frisch geschnittene Gemüse aus dem eigenen Schrebergarten zu einem opulenten und äußerst schmackhaften Abendessen verarbeitet werden könnte.
Er bleibt eben auch als Gärtner – ein Stier!

Das Kartenspiel

Von allen Kartenspielen fühlt sich der gesellige Stier am meisten zum Bridge hingezogen. Er liebt aber auch andere Kartenspiele, die seiner natürlichen Freude an einem gemütlichen Abend mit Freunden sehr entgegenkommen.
Wenn es nicht das gesellige Zusammensein ist, kann er auch dem Schachspiel etwas abgewinnen. Das ruhige Überlegen vor dem nächsten Zug entspricht seinem etwas phlegmatischen Wesen; und er wird sicher eher das Brett zusammenklappen, als sich am Blitzschach zu beteiligen.

Der Heimwerker

Der Stier verfügt über beträchtliche handwerkliche Fähigkeiten. Vor allem aus den Materialien Holz und Stein wird er beachtliche kleine Kunstwerke hervorzaubern. Wenn er damit schon als Jugendlicher anfängt, könnte ihm das schon früh eine Taschengeldverbesserung eintragen.

Das Clubmitglied

Da der Stier ein Gemeinschaftsmensch ist, findet die Mitgliedschaft in einem Club durchaus sein Interesse. Wenn er sich erst einmal entschieden hat, im Sportverein oder bei den Taubenzüchtern Mitglied zu werden, nimmt er die Sache auch ernst. Er ist dann durchaus interessiert, daß es *seinem* Verein, vor allem finanziell, gutgeht.
Schnell werden die anderen Mitglieder bemerken, welches Juwel sie da in ihren Reihen haben. So wird es nicht lange dauern, bis sie den Stier zum Kassenwart gewählt haben. Von diesem Augenblick an müssen sie sich um eines zumindest keine Gedanken mehr machen – um die Finanzen!

Der Tierfreund

Der Stier interessiert sich für Tiere. Er zählt nicht zu den ausgesprochenen Katzen- oder Hunde-Narren im Tierkreis, aber die Vierbeiner zählen in der Regel auch zu seinen Freunden. Dabei wäre es in vieler Hinsicht begrüßenswert, wenn er sich für einen Hund entscheiden würde, der viel Auslauf benötigt.
Auslauf für den Hund heißt Auslauf für das Herrchen. Mehr muß wohl nicht gesagt werden!

Der ungestüme Stier

Der junge Stier verfügt über große Körperkräfte und weiß manchmal gar nicht, wohin damit. So kann es vorkommen, daß er sich als Oberschüler oder Student für eine Kampfsportart entscheidet. Für sein manchmal etwas ungestümes Temperament ist dies gar kein schlechtes Ventil. Da er immer freundlich ist, wird er auch keinen seiner Sportkameraden im Zorn umwerfen. Genügend Kraft dafür hätte er aber.

Der Stier in reifen Jahren

Der liebenswerte Gastgeber

Der Stier wird mit zunehmendem Alter immer mehr seinem Koch-Hobby frönen. Da er ein geselliger Mensch ist, wird er gerne seine vielen Freunde einladen, um ihm zur Seite zu stehen, wenn es gilt, all das aufzuessen, was er in der Küche bereitet hat.
Wohl dem, der einen Stier zum Freund hat!

Der Kegel-Club

Mit reiferem Alter wird der Stier dem Kampfsport Lebewohl sagen. Er fühlt sich etwas seltsam bei dem Gefühl, mit einem Aufschrei und gestrecktem Fuß seinen Gegner anzuspringen. Statt dessen wird er zum Kegeln oder zum Bowling wechseln. Da geht es etwas ruhiger zu, und zwischen den einzelnen Runden bleibt Zeit für ein Schwätzchen oder ein frisch gezapftes Bier.

Der gepflegte Tänzer

Der Stier, wenn er nicht mit seinem Übergewicht zu kämpfen hat, zählt zu den eleganten Tänzern. Als *geordneter Charakter* wird er allerdings die gepflegten Standardtänze den etwas wilderen und freieren Rhythmen vorziehen. Dies gilt vor allem für den Stier in den reiferen Jahren.

Der Stier als Großvater oder Großmutter

Wenn sich erst einmal die Enkel eingefunden haben, können sie sich kaum bessere Großeltern als Stiere wünschen. Der Stier-Opa und die Stier-Oma sind liebenswerte alte Herrschaften, die sich mit ganzer Hingabe und Geduld dem Nachwuchs widmen. Sie spielen mit den kleinen Burschen, lesen ihnen Geschichten vor und erklären ihnen, was im Garten so alles wächst und blüht.
Sie sind die ideale Ablöse für die gestreßten Eltern; und meist sind sie im Alter noch rüstig genug, um unter der Belastung der Oma- und Opa-Rolle nicht zusammenzubrechen.

Aktiv bis ins hohe Alter

Die im Sternzeichen des Stiers Geborenen sollten nie vergessen, daß es für sie, mehr als für andere Sternzeichen, darum geht, in ihrer Freizeit irgendwelchen Aktivitäten zu frönen. Körperliche Betätigungen sind für den Stier, vor allem wenn er die Fünfzig überschritten hat, ein absolutes Muß.
Wenn sich der Stier faul im Lehnstuhl zurücklehnt, verknöchert er und verfällt langsam in Trägheit.

Kapitel 8

Der Mond und die Tierkreiszeichen

Allgemeines über den Mond

Der Mond benötigt knapp achtundzwanzig Tage (genau 27,32), um einmal um die Erde zu ziehen. Die gleiche Zeit benötigt er, um sich einmal um die eigene Achse zu drehen.

Da der Mond selbst kein Licht abstrahlt, reflektiert er lediglich das Licht der Sonne. So hängen die sogenannten Mondphasen (Neumond, abnehmender Mond, Vollmond und zunehmender Mond) von seiner Position zu Erde und Sonne ab.

Wenn man davon spricht, daß z. B. der Mond eines Menschen im Widder steht, so ist damit der Stand des Mondes im Augenblick der Geburt dieses Menschen gemeint. Sie können diese Information Ihrem persönlichen Horoskop entnehmen, das Sie sich von einem Astrologen erstellen lassen, oder aus den gängigen Mond-Tabellen Ihres Geburtsjahres.

Neben dem Mond im persönlichen Horoskop gibt es natürlich noch die Mondphasen des täglichen Erdenlebens. Sie können also den Mond in Ihrem Horoskop im Schützen stehen haben, der heutige Tag dagegen zeigt den Mond in der Jungfrau. Sie können den täglichen Stand des Mondes leicht anhand der vielen Mond-Tabellen für das laufende Jahr ablesen.

Wer hat nicht schon einmal eine schlaflose Vollmondnacht verbracht oder anderweitig den Einfluß des Mondes gespürt? Wenn man etwa Kartoffeln an Tagen erntet, an denen der Mond im Stier steht, wird man feststellen, daß diese länger als im Vorjahr eine glatte Haut bewahren. Es empfiehlt sich zudem in Gesundheitsfragen, etwa bei an-

stehenden Operationen, den Stand des Mondes zu beachten. Es wäre durchaus ratsam, einen anstehenden Zahnarzttermin um ein paar Tage zu verschieben!
Im nachfolgenden Text wird zuerst der Mond im Horoskop behandelt, danach der Einfluß des Mondes im täglichen Leben. Beides ist so leicht zu unterscheiden.

Der Mond im Widder

Unter dieser Konstellation finden wir Menschen, die mit ihrer ehrlichen Meinung nicht „hinter dem Mond" halten. Es sind die entschlossenen, mutigen Menschen, die ihre Unabhängigkeit sehr schätzen.
Allerdings kann es ein Problem mit ihrer Gereiztheit geben. Sie reagieren auf ein unglücklich gewähltes Wort schon einmal mit einem spontanen Wutausbruch.
Menschen mit einem Mond im Widder können, wenn sie unglücklich sind, eine unangenehme sarkastische Neigung entwickeln.
Frauen, die einen Mond im Widder haben, können starke männliche Anteile aufweisen, wenngleich es sich nicht gleich um militante Blaustrümpfe handeln muß!

Im täglichen Leben

Wenn der Mond im Widder steht, sind die Menschen häufig gereizter als normalerweise. Auch im Straßenverkehr tippt der Finger öfter an die Stirn als an anderen Tagen. Zudem ist Vorsicht an Kreuzungen angesagt!
Obwohl in der Regel an solchen Tagen die Dinge leichter

von der Hand gehen, sollten Sie sich vor Streß hüten. In diesem Fall wären Kopfschmerzen vorprogrammiert.
Mit dem Mond im Widder haben Sie die Chance schlechthin, bei Ihrem Chef wegen einer Gehaltserhöhung vorstellig zu werden. Vorwärts – dem Mutigen gehört die Welt!
Sollten Sie ein freudiges Ereignis planen, so ist die Wahrscheinlichkeit, daß es ein Junge wird, groß!
Wenn Sie gerne im Garten arbeiten, sollten Sie jetzt die Bäume beschneiden; auch das Düngen von Gemüse kann auf keinen besseren Zeitpunkt fallen. Gemüse, das schnell geerntet werden soll, stecken Sie am besten heute in die Erde. Vor allem die Tomaten sollten Sie unbedingt dann setzen, wenn der Mond im Widder steht.

Der Mond im Stier

Die treuesten Seelen haben ihren Mond im Stier. Diese Menschen lieben die Behaglichkeit und Ruhe, denn sie ist unbedingt wichtig für ihren Seelenfrieden. Es sind sinnliche Ästheten, die allerdings ihre gewohnten Lebensrhythmen benötigen. Sie werden gerne verwöhnt, aber sie verwöhnen auch gerne. Sie haben eine feine Nase, und die guten Düfte regen den Appetit an. Daher sind Menschen mit dem Mond im Stier nicht selten übergewichtig.
Der Stier ist ein Gewohnheitstier, und Menschen mit dem Mond im Stier neigen zu ausgeprägten Gewohnheiten, die manchmal in einer ermüdenden Monotonie und Langeweile enden können. Dann werden sie richtig schwerfällig.

Wenn der Mond im Stier steht, beherrschen die langsamen Tätigkeiten den Tagesablauf. Es wird um Dinge gehen, die eine lange Ausdauer erfordern. Dafür werden Sie sich harmonisch und ausgeglichen fühlen, was die Arbeit erleichtert.

Steht der Mond im Stier, sollten Sie keine Mandel- oder Halsoperationen vornehmen lassen. Es würde Ihnen nicht gut bekommen!

Wollen Sie ein neues Haus kaufen oder einen Mietvertrag unterschreiben, dann warten Sie bitte, bis der Mond den Stier wieder verlassen hat. Sie könnten sich viel Ärger ersparen!

Sollten Sie heute vor einem freudigen Ereignis stehen, seien Sie sicher – es wird ein Mädchen.

Ruft Sie der Garten, sollten Sie jetzt dem Ungeziefer im Erdreich auf die Pelle rücken. Heute könnten Sie den Biestern richtig zusetzen!

Der Mond im Zwilling

Kennen Sie nicht auch jemanden in Ihrem Freundeskreis, dessen Redefluß kaum zu stoppen ist? Die Chancen stehen sehr gut, daß er seinen Mond im Zwilling hat. Solche Menschen benötigen einen regen Gedanken- und Gefühlsaustausch und geraten immer wieder in Situationen, die sie äußerst anregend finden.

Mit dem Mond im Zwilling haben wir einen vielseitigen, spritzigen und unternehmungslustigen Menschen vor uns,

der immer wieder auch Schwung ins Leben anderer Menschen bringen kann. Gelegentlich wird Menschen mit dieser Konstellation unterstellt, sie seien oberflächlich; aber Sie werden kaum einen interessanteren Gesprächspartner finden.
Wenn Sie dringend eine Nachricht übermitteln müssen, das Telefon aber dauernd besetzt ist, dann quasselt an der anderen Leitung ein Zwillings-Mond. Fassen Sie sich in Geduld, es kann lange dauern!

Im täglichen Leben

Es ist die richtige Zeit, um neue Kontakte zu knüpfen. Wollten Sie nicht schon immer die netten neuen Nachbarn zum Essen einladen? Vielleicht sollten Sie auch etwas Lustiges, Ungewöhnliches für den Abend planen. Wie wäre es mit einem aufregenden Blind-Date?
Sie können mit dem Mond im Zwilling aber auch brav zu Hause sitzen und Ihren Studien nachgehen. Die Zeit dafür ist günstig.
Auch Briefe, die schon lange auf eine Antwort warten, könnten jetzt in Angriff genommen werden.
Ein glückliches Ereignis? Heute wird es ein Junge!
Ist Hausputz angesagt, werden die Fenster heute mehr glänzen als sonst, obwohl die ganze Sache scheinbar mühelos ablief. Lassen Sie sich jetzt nicht stoppen; es ist die richtige Zeit, um wieder einmal die ganze Wohnung kräftig durchzulüften.
Im Garten sollten Sie jetzt rankende Pflanzen säen.

Der Mond im Krebs

Die Krebs-Monde kennzeichnen die ganz zart besaiteten Wesen des Tierkreises. Sie nehmen alle Einflüsse auf wie ein feuchtes Tuch. Es sind Menschen mit einer ausgeprägten Feinfühligkeit, die aber gepaart ist mit außerordentlicher Launenhaftigkeit.
Mit dem Mond im Krebs braucht es enorm viel Geborgenheit, sonst gibt es Probleme. Mit dieser Konstellation kann es auch eine starke Furcht vor dem Unbekannten geben, und daraus entstehend eine gewisse Unbeweglichkeit.
Menschen mit dem Mond im Krebs sind ausgesprochen liebevoll und lesen ihren Mitmenschen alle Wünsche von den Lippen ab. Allerdings können sie sich auch stark anklammern und festhalten.

Im täglichen Leben

Heute sollten Sie Besuch einladen und ihn verwöhnen, er wird es Ihnen danken. Servieren Sie aber kein schweres Essen, denn an diesen Tagen ist der Magen sehr empfindlich!
Lassen Sie die Seele baumeln, denn es ist nicht unbedingt die Zeit, um Bäume auszureißen und Berge zu versetzen. Besser Sie widmen sich Ihrer Familie.
Sollten Sie sich jetzt einsam fühlen, nehmen Sie sich selbst nicht zu ernst, in wenigen Tagen oder Stunden schaut die Welt schon wieder ganz anders aus; denn es ist keine schlechte Zeit für den Beginn einer neuen romanti-

schen Liebe. Allerdings sollten Sie sich vor zu großer Empfindlichkeit hüten. Dafür ist später auch noch Zeit!
Ein glückliches Ereignis – heute wird es ein Mädchen!
Sollten Sie nicht gerade dem Hausputz frönen, packen Sie Ihre Sachen, und gehen Sie schwimmen und anschließend in die Sauna, es ist genau der richtige Zeitpunkt für solche Aktivitäten.
Und weil wir schon bei den feuchten Aktivitäten sind, heute ist ein guter Waschtag. Die hartnäckigen Flecken können Sie heute endlich entfernen!

Der Mond im Löwen

Die Löwe-Monde sind die Menschen mit dem sonnigen Gemüt. Sie können jugendlich verspielt sein; und sie sind großzügig in allen Lebensbereichen. Sie sollten aber beachten, daß diese Menschen im Mittelpunkt stehen wollen, das ist für sie sehr wichtig!
Sie strahlen viel Herzenswärme aus und verfügen über einen angeborenen Beschützerinstinkt. Sie werden auch feststellen, daß die Löwe-Monde ganz automatisch eine Führungsrolle einnehmen und sich damit ganz prächtig fühlen. So wollen sie es haben! Für ihre Mitmenschen ist dieses „Ich-bin-so-toll"-Gefühl allerdings nicht immer leicht zu ertragen, und die Arroganz der Löwe-Monde ist manchmal schwer auszuhalten.

Im täglichen Leben

Munter hinein ins Vergnügen! Feste, Parties und sportli-

che Aktivitäten werden unter dieser Konstellation groß geschrieben. Sie sollten allerdings darauf achten, es nicht zu übertreiben. Es gibt Seitensprünge, die einem später Kopfschmerzen bereiten!
Wenn Sie unters Messer müssen, dann bitte heute keine Herzoperationen. Überhaupt sollten Sie bei dieser Mond-Konstellation auf Herz und Kreislauf achten!
In Ihrem Umfeld können Sie heute Ihre Kompetenz beweisen. Stellen Sie also gerade heute Ihr Licht nicht unter den Scheffel!
Wenn Sie ausgehen wollen, wäre Oper oder Theater heute die erste Wahl.
Ein freudiges Ereignis geplant? – Heute wird es ein Junge!
Und nicht vergessen: Heute Körperpflege und vor allem Haare schneiden. Sie werden überrascht sein!

Der Mond in der Jungfrau

Die Ordnung hält Einzug. Es findet sich Systematik und sorgfältige Planung in allen Lebensbereichen.
Menschen mit dem Mond in der Jungfrau zählen zu den „Dienern des Lebens". Sie betrachten andere und stellen fest, daß sie selbst nur an zweiter Stelle stehen. Manchmal kommt dann Neid auf, aber letztlich siegt die Vernunft.
Unter dieser Konstellation kann es zu einer gewissen Kritiksucht kommen, die äußerst unangenehm auf die Mitmenschen wirkt. Zudem kommen die Jungfrau-Monde mit einer gewissen distanzierten Kühle daher, was sie etwas unnahbar wirken läßt. Oft findet sich dahinter aber eine große Tiefe und Gefühlsintensität. Wenn sie sich

öffnen könnten und spontaner wären, würde sich das Leben von einer leichteren Seite zeigen.
Im Körper können sich die Eingeweide und die Nerven melden – es ist dann Zeit zum Entrümpeln der Psyche. Frisch und mutig an die Arbeit!

Im täglichen Leben

Es ist wahrlich nicht der Tag für die romantischen Treffen bei Kerzenschein. Der Besuch bei der alten Tante im Altersheim ist angesagt – sie wird es Ihnen danken. Dienen ist Trumpf!
Besser Sie schaffen heute Ordnung oder belegen einen Kochkurs, denn es ist nicht die Zeit für spontane Einfälle! Wartet nicht schon lange Ihre Steuererklärung auf Sie?
Ein freudiges Ereignis geplant? – Es wird ein Mädchen!
Im Haus sollten Sie die Haare schneiden; draußen die Balkonpflanzen setzen. So ist die Zeit gut genutzt!

Der Mond in der Waage

Die Zeit der Aussöhner und Schlichter ist gekommen! Die Waage-Monde sind geradezu nach Harmonie süchtig. Bei Streiks sollten die Schlichter grundsätzlich nur mit einem Waage-Mond zugelassen werden!
Im Körper kann es bei dieser Mond-Stellung zu starken Hautreaktionen kommen, auch die Nieren sollten im Auge behalten werden.
Es sind Menschen, die der Schönheit sehr zugeneigt sind.

Häufig finden wir hier auch äußerst begabte Künstler, die allerdings Schwierigkeiten haben, sich genau festzulegen. Die Waage pendelt stets hin und her. Waage-Monde müssen lernen, sich zu entscheiden und Abhängigkeiten zu vermeiden.

Im täglichen Leben

Gehen Sie Ihren gesellschaftlichen Interessen nach, und genießen Sie das Leben. Es ist die richtige Zeit für einen Stadtbummel.
Heute ist das Selbstbewußtsein etwas schwach ausgeprägt, und Entscheidungen fallen Ihnen schwerer als sonst. Warten Sie einfach, bis der Mond in den Skorpion wechselt. So lange dauert das ja nicht!
Verschönern Sie inzwischen Ihre Wohnung. Sie werden sie selbst nicht wiedererkennen.
Wenn Sie nach draußen gehen oder im Haus herumrennen, vergessen Sie die warmen Socken nicht, ihre Blase wird es Ihnen danken!
Ein freudiges Ereignis geplant? – Es wird ein Junge!

Der Mond im Skorpion

Die Skorpion-Monde haben ein ausgeprägtes Durchsetzungsvermögen, das bis zur Rücksichtslosigkeit gehen kann. Sie sind entschlossen und bevorzugen große Unabhängigkeit in ihrem Gefühlsleben. Es sind oft sehr verschlossene Menschen, die aber durch ihr Wesen die Belastbarkeit und Gefühlswelt ihrer Mitmenschen prüfen.

Sie können gar nicht anders; und sie kennen dabei keine Grenzen.
Mit dem Mond im Skorpion haben Sie die Gabe, unbewußt die Fehler Ihrer Mitmenschen zu erfühlen und direkt zur Sprache zu bringen. Das macht Sie nicht unbedingt zu jedermanns Liebling!
Die Skorpion-Monde sind faszinierende, geheimnisvolle Menschen, die man nie ganz versteht. Daher kommt der Ausdruck vom Skorpion-Blick, der tief in die Seele zu schauen scheint. Aber man kann nicht in die gleiche Tiefe zurückschauen!

Im täglichen Leben

Haben Sie bestimmte Gefühle lange verdrängt, so kommen diese an Skorpion-Tagen an die Oberfläche und machen Ihnen und anderen zu schaffen. Trotzdem können Sie heute alle anstrengenden Arbeiten gut erledigen.
Achtung: Heute ist alles explosiver als sonst – auch im Bett!
Skorpion-Tage sind gut für Füllungen beim Zahnarzt, wobei es möglichst zunehmender Mond sein sollte! Auch die Dauerwelle hält heute einfach länger und strapaziert die Haare weniger. Es sollte sich auch möglichst zunehmender Mond am Himmel zeigen.
Ein freudiges Ereignis geplant? – Es wird ein Mädchen.
Im Garten reagieren die Pflanzen an diesen Skorpion-Tagen besonders gut auf den Dünger; allerdings sollte es bei ihnen abnehmender Mond sein.

Der Mond im Schützen

Menschen mit dieser Mondstellung suchen nach dem Sinn des Lebens. Sie sind erfüllt von einem ausgeprägten Idealismus, und für die „wahre“ Sache setzen sie sich mit allen Kräften ein. Sie fühlen sich in der Welt der Philosophie zu Hause.
Sie verfügen über die Fähigkeit, andere durch ihren Idealismus mitzureißen, ohne dabei auf ihre Überredungskünste zurückgreifen zu müssen. Sie überzeugen einfach durch ihr Dasein!
Es sind freie Seelen, denn die Freiheitsidee ist ihnen schon in die Wiege gelegt worden! Manchmal sind ihre Höhenflüge allerdings unrealistisch; doch ohne sie könnten die Schützen-Monde einfach nicht leben!

Im täglichen Leben

Wenn Sie eine interessante Kurzreise planen – jetzt ist der richtige Zeitpunkt. Auch für schwierige Gespräche ist jetzt ein guter Zeitpunkt, denn Toleranz ist angesagt. Wollten Sie nicht schon lange Ihre „geliebte“ Schwiegermutter anrufen?
Hüten Sie sich vor zu großen Versprechungen; denn wenn der Mond in den Steinbock wandert, schaut die Welt schon wieder ganz anders aus!
Es ist ein Tag, um nach innen zu gehen und über die großen Lebensfragen zu meditieren. Heben Sie aber bitte nicht ab!
Vielleicht wollen Sie sich auch um einen neuen Job bemü-

hen oder nur eine Gehaltserhöhung fordern – heute ist Ihr Tag!
Wenn Ihnen nichts anderes einfällt, dann gehen Sie einfach wieder einmal ins Museum oder rufen einen vernachlässigten Freund an. Dann ist die Zeit genutzt.
Ein freudiges Ereignis geplant? – Es wird ein Junge!
Im Garten sollten Sie, bei abnehmendem Mond, den Rasen mähen oder das Gemüse düngen.

Der Mond im Steinbock

Menschen mit dieser Mondstellung unterliegen einem inneren Ehrgeiz, der sie einem starken Druck aussetzt. Sie legen an sich selbst enorm strenge Maßstäbe an, denen sie dann manchmal selbst nicht gewachsen sind. Sie wirken unnahbar, da sie ihr Gefühlsleben sehr stark kontrollieren. Es handelt sich bei dieser Konstellation um Einzelkämpfer, die allein sich selbst Vertrauen schenken. Ihre Gefühlswelt scheint gar nicht zu existieren, daher wirken sie auf andere kalt und fast wie erstarrt.
Für Steinbock-Monde wäre es lebenswichtig, aus einer selbst angelegten Zwangsjacke auszubrechen und sich zu befreien!

Im täglichen Leben

Wollen Sie eine Lebensversicherung abschließen, so ist diese Mondstellung eine hervorragende Ausgangslage.
Es ist nicht gerade eine Zeit für ausgelassene Feste, Pflichten sind eher angesagt. Da aber gegenwärtig die persönli-

chen Wünsche und Sehnsüchte ohnehin nicht im Vordergrund stehen, läßt sich alles bewältigen. Zudem wird man an diesen Steinbock-Mondtagen ohnehin nicht leicht unter Ermüdung leiden.
Haut und Nägel sollten bei abnehmendem Mond gepflegt werden, auch die Zahnreinigung wäre keine schlechte Idee. Ab zum Zahnarzt!
Ein freudiges Ereignis geplant? – Es wird ein Mädchen!
Im Garten ist Unkrautjäten bei abnehmendem Mond angesagt; bei zunehmendem Mond dagegen sollte umgetopft werden!

Der Mond im Wassermann

Hier treffen wir die Weltverbesserer, denn die Menschen mit dem Mond im Wassermann sind mit einem starken Gerechtigkeitssinnn ausgestattet. Freiheit ist die Grundstimmung, die ihr Leben prägt und auf der sie alle Aktivitäten aufbauen. Sie schneiden die alten Zöpfe ab und leiten Reformen ein.
Es können ruhelose Geister sein, die innerlich ständig angetrieben werden und auf der Suche nach der Wahrheit sind. Ihre rastlose Suche läßt sie aber Ideen für eine neue Zeit entwickeln. Darunter kann dann auch schon einmal eine „verrückte“ Idee sein.
Mit dem Mond im Wassermann sind Sie ständig auf Achse. Langeweile und Eintönigkeit bringen Sie um! Sie brauchen das Ungewöhnliche zum Leben.
Durchblutungsstörungen und Kreislaufprobleme sollten Sie bei dieser Mond-Stellung ernst nehmen!

Im täglichen Leben

Es ist die Zeit für Teamarbeit! Gemeinsame Ideen können ein phantastisches neues Projekt auf den Weg bringen.
Vielleicht wollen Sie aber auch nur den Keller entrümpeln oder die Fenster putzen. Bei abnehmendem Mond wären das die richtigen Aktivitäten!
Joggen oder Tanzen könnten Ihnen auch zusagen, denn die Energie stimmt!
Bei zunehmendem Mond können Sie auch an die neuen Zahnfüllungen denken. Jetzt passen sie!
Ein freudiges Ereignis geplant? – Es wird ein Junge!
Im Garten können Sie bei Vollmond und bei abnehmendem Mond die Blumen düngen.

Der Mond in den Fischen

Menschen mit einem Fische-Mond zeichnen sich durch eine liebevolle Aura aus, die es anderen Menschen erleichtert, ihnen Vertrauen zu schenken. Sie strahlen Freundlichkeit und Hilfsbereitschaft aus, die gerne in Anspruch genommen werden.
Es sind tiefe Seelen, deren unergründliche Seelenwelten von der Außenwelt oft nicht erkannt werden, da sie sich ganz in ihrer eigenen Welt abspielen. Der innere Ozean der Fische-Menschen!
Unter allen Mond-Typen sind sie die feinfühligsten, daher haben sie die größten Probleme mit dem Leiden anderer. Ähnlich den Krebs-Monden können sie sich nur schwer abgrenzen.

Manchmal versäumen sie vor lauter Träumerei das „richtige“ Leben. Sie müssen Boden unter den Füßen fassen und ihr Selbstvertrauen verbessern.

Im täglichen Leben

Das große Gefühl ist angesagt. Nehmen Sie sich alle Taschentücher, und schauen Sie sich im Kino die großen Liebesschnulzen an. Es ist die richtige Zeit, um sich total auszuheulen!
Instinkte und Gefühle bestimmen in diesen Tagen alles Leben; und Sie werden auch spüren, wenn jemand Ihre Hilfe benötigt. Heute können Sie sie ganz mühelos verschenken.
Entspannungsübungen und Massagen werden sich jetzt als besonders wirksam erweisen.
Waschen und Saunabesuche sind bei abnehmendem Mond anzuraten; auch ein Zahn könnte, wenn es denn sein muß, jetzt gezogen werden.
Ein freudiges Ereignis geplant? – Es wird ein Mädchen!